JN439120

어느 봄날의 택배

어느
봄날의 태배

강영옥 수필집

세종출판사

| 책을 내면서

인생의 불혹에 들어서면서 잠자고 있던 자아가 꿈틀거렸다. 심연에 고여 있는 물을 길어 올리는 시도가 필요했다. 글을 쓴다는 것은 우주공간의 모든 사물에 애정과 관심을 불러일으키며 자신을 돌아보고 성찰하는 일이기도 하다. 잔잔한 울림을 주는 나의 시선과 빛깔로 그려내고 싶었던 열망, 그 초심으로 치열하게 정진하지 못한 부끄러움을 감출 수가 없다. 굴곡진 생의 가운데서 존재의 이유로 붙들어 준 나의 태생들이니 묶어서 미루었던 수필집에 내 보낸다.

늘 성원해준 가족들과 둘레의 많은 분들께도 고마움을 전한다.

2017년 신춘新春

강 영 옥

차례

봄

여름

가을

겨울

그리고 봄

봄

약수터 산행

내가 아침 등산을 하게 된 것은 수질이 나쁜 수돗물 때문에 좋은 생수를 받기 위해서만은 아니었다. 약수터는 생각보다 거리가 멀고 가파른 오르막 산길을 몇 개 넘어야 하는 산기슭 골짜기에 있었다.

항상 물이 샘솟는다고 붙인 이름인지 한샘약수터는 종일 사람이 끊이지 않는 곳이다. 깊은 산에 좋은 물이 있다고 하였지만 도심 근처 이처럼 자연 경관이 좋고 물맛이 좋은 약수터가 있는 것이 신비한 일이기도 했다. 처음 얼마동안은 물 한통을 긷기 위해 숨차고 힘들게 오르는 산길이 여간 고역이 아니었다. 몇 번 따라 나서던 이웃들도 하나씩 빠지고 나면 어쩔 수 없이 혼자다. 나도 한때 정수기 물을 믿고 쉰 적도 있었다. 그러나 물맛을 알고 산을 오르는 횟수를 더 할수록 호젓이 산길을 걷는 매력에 흠씬 빠져들게 되었다.

마을을 벗어나면서 산으로 닿는 소나무 숲에는 까치의 울음소리가 아침을 활기차게 열어준다. 숲속을 오르내리는 다람쥐와 왁자한 풀벌레들의 아침 산길은 나에게 소중한 일상이 되었다.

이른 봄, 풋풋한 풀 향기 맡으며 수런수런 숲이 깨어나는 소리와 여름 초록 짙은 산기운에 사로잡히는 상큼한 기분은 말할 수 없는 즐거움이다. 태산같이만 느껴지던 저 산길도 이제 한눈을 팔며 걷는 여유를 갖게 되었다.

하얀 찔레꽃잎이 지는 늦은 봄날. 뻐꾸기도 장단을 맞추어 울어 예었다. 남의 둥지에다 몰래 알을 낳는다는 뻐꾸기는 쉬지 않고 노래하느라 둥지 틀 짬이 없는 것일까. 숲속을 가만히 보니 꼬리를 치켜든 놈의 형체가 보였다. 어릴 때부터 소리만 친하게 듣던 뻐꾸기를 본 것은 처음 있는 일이다.

삼복더위도 지났을 무렵, 햇빛 쏟아지는 남향의 산 능선을 땀에 젖어 걷고 있었다. 그곳을 지날 때마다 독특한 향기가 더위를 식혀 주었다. 지천으로 뻗어나간 칡덩굴, 소나무와 떡갈나무를 휘감고 무성하게 덮고 있는 칡덩굴 아래 칡꽃이 초롱초롱 달려 있었다. 흡사 강낭콩 꽃을 닮은 등꽃 같기도 한 붉은 색을 띤 보라 빛 꽃송이, 어릴 적 통나무 마냥 굵은 칡뿌리를 토막 내어 입가에 시커먼 물이 들도록 씹쌀한 맛을 씹던 향수어린 칡이라 미소가 번졌다. 칡의 뿌리만 알았는데 색채도 저리 곱고 향기 짙은 칡꽃은 처음 보았다. 칡꽃을 발견한 그 후의 오솔길을 나는 더욱 아끼게 되었다.

추석도 지난 새벽 산행이었다. 열이레 달빛이 골짜기에 가득하였다. 참으로 오랜만에 밝고 큰 달을 본 순간 나도 모르는 탄성이 새어 나왔다. 약수터 앞에는 서늘한 새벽 공기 속에 억새와 어우러져 무더기로 피어 있는 코스모스가 교교한 달빛에 그 자태를 한껏 뽐내고 있었다. 그동안 나는 오랜 세월 달을 잊고 산 것이다. 명멸하는 불빛에 창문 앞의 촉수 높은 수은등에 가려 달빛은 늘 다른 세상에 있었다.

약수터 가는 길은 심신을 일깨워 줄뿐 아니라 건조한 나의 삶을 윤택하게 하는 자연이며 커다란 축복이다. 가을 산사람들의 찬사를 받던 억새도 코스모스도 매무새를 흐트린지 오래된 지금, 색 바랜 풀잎을 눕히고 지나가는 바람이 차갑다. 나무들은 겨울잠을 자려는 헐벗은 모습으로 의연하게 버티어 섰다. 무성한 잎새에 가려 보이지 않던 중턱 산길이 가르마 같이 드러나 보이고 있다.

초겨울 가뭄 때문에 차츰 물 받는 시간이 길어진다. 물통을 줄 세워 놓고 벤치에 앉아 멀리 감천앞 바다와 낙동강 하구언을 바라보는 휴식의 충만함에 기다림도 미덕일 수 있다는 실감을 하게 된다. 때로는 안개에 잠긴 바다와 강 두 폭의 그림을 동시에 감상하는 행복감에 젖기도 한다. 그러나 식수원인 낙동강은 심한 오염으로 몸살을 앓고 있다. 철새들의 보금자리 을숙도 그 갈대숲에 들리는 신음은 얼마나 안타까운 일인지. 산 아래 조금씩 파 들어가 생채기를 내는 아쉬운 광경에 울창한 숲이 거대한 콘크리트 숲으로 변하지 않을까 조려보는 마음이다.

누가 강요한 일이라면 나의 산행은 벌써 끝났을지 모른다. 이젠 하루 일과처럼 몸에 배어버린 약수터 산행에서 참으로 신선한 수목들을 대하면서 계절의 진솔한 감각을 음미하게 되었고 계절마다 다른 모습으로 변하는 자연의 조화를 터득하게 되었다.

어쩌면 몸살을 앓는 낙동강 하구 둑 겨울 하늘에서 줄지어 비상하는 철새 떼를 볼 수 없는 찌든 우주 공간에서 나 혼자 서있는 두려움을 앞세우고 오늘도 나는 청순한 한 아름의 향기와 철없이 뛰놀고 노래하는 산길을 찾아 나선다. 그들과 더불어 나를 풍요롭게 하는 자연의 변주곡 속에 영원히 나의 마음을 묻기 위해 오늘도 배낭을 챙긴다.

어느새 손짓하는 저 산골짜기에 동화 된 내가 한 마리의 새가 되어 푸드득 날아가고 있다.

석류

가을 시장에 들어서면 찬거리 보다 늘 과일이 먼저 눈에 들어온다. 그토록 목이 타던 가뭄과 유례없는 폭염에도 잘 견뎌낸 과일들이 수확의 감소로 값은 다소 비싸나 그 맛은 한층 좋아진 햇과일로 쏟아져 나와 있다. 가게보다는 노점, 리어카 물건이 더 신선하고 값이 싸기 때문에 재래시장 길목은 북새통을 이루어 활력이 넘친다. 볼 붉어지는 단감, 때깔도 고운 배며 사과, 따서 입에 넣고 싶은 촘촘히 박힌 포도송이 저마다의 맛과 향이 나를 유혹하는데 노점 구석자리 아주머니의 좌판에 눈길이 끌렸다.

잎과 가지가 달린 갓 따온 석류가 금세 입안에 새콤한 침을 감

돌게 했다. 중년 남자가 탐스러운지 어디에 좋으냐고 물으니 애기 서는데 제일 좋다는 대답에 계면쩍은 듯 휑하니 가 버렸다. 김해 근교 자기 집 올해의 소출이라고 하였는데 나는 내심 장사 수완이 없는 그녀의 순박함이 조금 안타까웠다.

석류의 약리 작용에 대해서 나 역시 아는 것이 없지만 약용에도 쓰인다고 들었다. 그러나 내게 석류는 단순히 어떤 효험이나 영양 보다는 독특한 맛과 그 생김에서 풍기는 신비함에 있다.

고서화에서 더러 본 기억으로 감이나 석류는 퍽 동양적인 분위기라 나는 석류를 좋아한다. 섬유로 치면 무명에 천연 염료로 물들인 빛깔이라고 할까. 투박한 겉모양과는 달리 맑은 영혼을 가진 신성함 같은 것이 느껴진다.

내가 한창 소녀일 때 살던 오막살이 초가 마당 모퉁이 석류나무 한그루가 있었다. 새봄 석류나무 가지마다 순이 트면 윤기 나는 자잘한 잎도 고우려니와 꽃은 영롱하여 찬란하였다. 화병에 꽂힌 모양을 하고 핀 꽃송이는 다홍빛 선연한 그 시절 꿈만큼이나 화려하여 축포를 터뜨릴 것 같았다.

무르익는 봄날 눈부시게 사랑스런 꽃이 지고 나면 더 귀여운 열매를 달게 되는데 마치 항아리 같은 것이 위로 또는 거꾸로 매달린 모습이 참으로 앙증스럽다. 그 무렵의 내게 강렬한 인상을 준 기억 때문이기도 하지만 사계절 접할 수 없는 과일이라 더 애착이 가는지 모른다. 하나를 쪼개면 여러 친구들이 나눠 새큼한 맛을 즐기며 또래들의 깔깔대는 웃음소리 만큼 알알이 박힌 열매였다.

지난해 가을, 밤 수확에 바쁜 외가에서 알밤도 줍고 다섯 개나 달린 잘 익은 석류가지를 얻어 왔다. 깨트리기에는 너무 탐스럽고 아까워 거실에 달아 두었다. 이틀이 지나고 아침에 깨어보니 석류가 껍질을 깨고 알을 드러내었다. 두꺼운 껍질 사이로 비집고 내 비치는 석류 알의 영롱한 실체. 그 환희의 순간이 내겐 신선한 충격으로 다가왔다.

터뜨리고 있구나
너는
긴 여름 날
작열하는 태양을
가슴으로 태우며
오직 그날을 위해
품고 다듬어
알알이 보석이구나

게을러 설익은 삶
열정으로 가꾸어
마디마디
실한 열매 달아

꽉 차게 영그는
어느 좋은날
찬란하게 터뜨리고 싶구나

내게 어설픈 싯귀가 잡혀왔다. 그 황홀한 개화기를 거쳐 투명하고 정교한 보석 같은 알맹이를 탄생시켜 내는 나무의 오묘한 생명력은 섬섬옥수 여인의 손길이라 할까. 투박함 속에 내재한 밝은 심성의 소유자. 하루하루를 알차게 채워가는 인내의 보람 같은 것을 연상케 하였다.

내가 가끔 지나다니는 골목길 옆에 고가옥이 몇 채 있다. 담 너머로 오래 묵은 석류나무가 모과나무와 키 나란히 하고 훤칠하게 내보였다. 누르스름한 빛깔의 모과와 발그레한 채색의 석류가 영글어 내비치는 아름다움을 보노라면 정감이 어려 빙긋 미소가 머금어진다.

까닭 모를 주인이 부러워지고 고담한 뜰의 운치가 돋보여 발걸음을 멈추고 올려 보곤 한다. 내게 뜨락이 있는 집을 갖게 될 행운이 온다면 감나무, 앵두나무 같은 유실수를 심고 모과나무와 함께 석류나무는 빼놓지 않고 심어 가꾸고 싶다. 그리고 가을걷이의 기쁨을 이웃에도 하나씩 나누리라.

나는 예상보다 값이 비싸다는 생각을 하면서도 좌판에 놓인 석류가지 하나를 골랐다. 유감스럽게도 우리 집 아이들은 석류에 대한 추억도 없거니와 맛 또한 모르니 탐내지도 않는다. 그저 내가 좋아하는 관상용 열매겠지 생각한다. 당장 깨물고는 싶지만 집안에 들여놓은 억새꽃과 늙은 호박들 옆에 두고 추억의 가을을 지켜 보련다.

등燈

내가 자랄 때 산골 마을에는 전깃불이 없었다. 무더운 여름밤이면 일몰 전에 모든 일과를 끝내고 저녁 식사도 일찍 마쳤다. 하루살이 떼와 모기들의 극성 때문에 등불을 끄고 마당에 모깃불을 피우며 하늘의 별을 헤곤 했다.

그런데 때때로 등불 가까이 앉은 어머니의 다림질은 꼭 밤에 시작되었다. 형제 중 맏이인 내가 푸세 한 여름살이 많은 옷을 같이 잡는 일은 무덥고 졸음 오는 일이었다. 뜨거운 숯다리미 손잡이를 들고 열심히 문지르는 어머니와 맞잡고 당겨야 하는데 어쩌다 내가 놓쳐 흰옷에 숯검정을 묻히기도 하고 무릎을 스쳐 데

이기도 하던 기억이 아련하다.

외할머니의 기일忌日은 칠흑 같은 동짓달 밤이었다. 음식을 장만하느라 온 집안이 부산하게 움직이는 틈새를 오가며 나는 지칠 줄 모르고 신이 났었다. 함지박에 제사 음식을 이고 골목을 나서는 외숙모님의 길을 밝히는 등 잡이는 내가하는 일이었다.

새벽 칼바람을 가르며 추위도 잊고 이웃 집집마다 잠을 깨워 인심을 나누던 미풍이 있던 시절이었다. 등은 단순한 사각 살대에 유리문을 끼운 것이었는데 불이 행여 꺼질까 조심 하느라 힘이 들었던 것 같다.

사방이 검은 장막 속에 잠겼던 그믐께 밤이 지나고 초순을 넘어서면 어둠을 걷어내고 휘영청 밝은 달빛, 축복이라도 내리듯 그 존재는 참으로 위대해 진다. 달빛은 세상 근심을 감싸 주기도 하다가 때로는 마음을 흔들어 잠 못 들게도 하였다. 요즘 같은 불빛의 홍수 속에서는 언제 달이 뜨고 지는지 모르고 지나간다.

시간을 내서 고향의 달을 보리라 벼르고 있던 몇 해 전. 정월 대보름날 숙부님의 회갑연이 있었다. 동네 사람들의 음식잔치인 낮의 행사가 끝나고 둥실 보름달이 떠오른 저녁 꽹과리와 징소리로 한마당 들썩 거리도록 흥은 고조되었다. 나는 자리를 빠져나와 달을 맞으러 들판 쪽으로 나갔다.

달이 뜨기 전 일찍 동산에 올라 달집 태우는 구경도 하고 달을 향해 소원을 빌던 어릴 적 환영이 달무리 되어 비춰왔다. 그러나 뜻밖에도 달빛은 옛 그대로가 아닌 것 같았다. 세월의 흐름만큼 그 빛이 바래어진 것일까, 유심히 관찰해도 나의 어릴 적 가슴 깊은 곳까지 파고 들 듯한 그 달빛이 아니라는 생각이 들었다. 산골 구석구석 전깃불이 켜진 때문일까. 어느새 저 달빛보다 더 밝은 촉수의 등불에 길들여진 문명의 탓인지도 모른다.

현대생활의 기본은 전력 없이는 불가능한 시대에 우리는 살고 있다. 많은 전력소모를 요하는 가전제품이며 거실의 현란한 조명등, 공간과 용도에 따라 모양과 밝기, 그 다양함이 한이 없다. 현관에 들어서면 자동으로 감지하여 켜지고 꺼지는 문명의 이기는 날로 발전을 거듭할 것이다.

우리 마을에서 전기 혜택을 본 것은 방앗간 덕분이었다. 물레방아로 수력을 일으켜 전깃불을 한 집 한 등씩 켜게 되었지만 성능이 부실하여 정전되기가 일쑤이고 그나마 가뭄이 들면 물레방아는 돌지 못하고 전등알만 할 일없이 매달려 있었다. 창호지 문틈 바짝 귀뚜라미 우는 가을밤. 독서삼매에 빠져 이슥하도록 등잔불을 밝힐 때가 많았다. 집안에 경사로운 일이 있거나 명절 전후로 밤새 켜 놓은 등불은 내 의식 안에 환하고 따뜻하며 늘 정겨운 대상이었다.

내가 첫아이를 출산한 그해 여름, 갑자기 쓰러지신 친정어머니의 중태라는 전화를 받고 바삐 기차에 올랐다. 차창 밖으로 풍경을 지우면서 달리는 특급열차의 느린 속도감은 나의 가슴을 조여 숨 막히게 하였다. 택시가 집 앞에 멎었을 때 대문에 걸려 나를 전율케 한 자명등. 창창한 내 어머니의 기중忌中을 알리는 그 등은 차라리 싸늘한 어두운 그림자였다.

대낮같이 밝고 환한 불빛 아래서 예전의 등잔이 때때로 그리워지는 건 그 따뜻함 때문이 아닐까. 늘 창문 가까이 수은등이 밤을 밝히며 섰고 주변에는 늦은 밤 아랑곳 않는 헤드라이트가 스치고 지나간다.

나는 과연 그늘지고 어두운 곳에 따뜻한 눈길을 보낸 적이 있었는가? 힘들고 지쳐있는 이웃들이나 둘레의 피붙이에게도 작은 불빛이라도 되어 본 적은 있었는지 되돌아보게 된다.

우리의 귀가 시간이 늦어 찾아 나오실 때나 뒷간 출입을 할 때에도 어머니 손에 들려 있던 은은한 등불. 가느다란 등불아래 빔을 지으시던 어머니 곁에 오순도순 모여 졸음도 잊고 책을 읽거나 정담을 나누던 그런 시절이 한없이 그리워진다.

변산반도 기행

그해 삼복더위는 소나기 한줄기 베푸는 여유도 없이 수은주를 끌어 올렸다. 여름휴가를 맞이해 우리 부부는 벼르던 변산반도 여행을 위한 야영 장비를 자동차에 실었다.

초행길에 날씨는 흐렸다 맑았다 이슬비를 뿌리더니 호남 고속도로에서 정주 인터체인지를 빠져 나오면서 한결 여유로웠다.

우리가 제일 먼저 찾아간 곳은 가인봉의 품안에 자리 잡은 내소사다. 흡사 바윗덩어리가 달려 나올 듯 암벽을 이룬 능가산 절 입구 2km 되는 전나무 숲 터널을 걸어 들어갈 때의 서늘한 바람이 땀을 씻어 주었다. 수령 950년이 된 느티나무가 고찰임을 대변해 주듯 위풍 당당 서 있고 대웅전의 퇴색한 단청이며 처마 밑의 용머리 조각이 가람의 단아한 분위기를 안겨준다. 대웅전의 이중문 바깥 문살에 사방 연속무늬의 연꽃조각으로 그 섬세함이 다른 절집보다 특이하다. 문살 하나마다 새겨진 불심이 연꽃 향기로 절 안 가득 배어나는 것 같다.

야트막하면서도 감싸 안은 듯 품고 있는 내소사 길옆 도랑이 그림처럼 나 있건만 기대했던 물소리는 간데없고 앙상한 바닥만 드러내고 있었다. 타는 가뭄에도 목 추겨 주는 곳이 절 인심인가 보다.

안내 지도를 보니 채석강이라 쓴 격포항에 텐트를 칠 수 있는 야영장이 있었다. 낯선 고장이라 해가 기울기 전에 자리를 보아야 하므로 채석강을 향해 해안선을 달렸다. 차창 밖으로 아름다운 어촌들과 작은 배, 바위틈에 앉은 낚시꾼들의 풍경이 스쳐 지나간다.

우리가 채석강을 찾았을 땐 비가 흩뿌렸다. 지방 문화재인 채석강은 중국의 당나라 시인 이태백이 물에 비친 달을 보고 뛰어들었다는 채석강과 비슷하다고 하여 붙여진 이름이다. 단애斷涯의 수성암 층으로 오랜 세월 파도에 씻겨 생긴 모습이 수백 권의 책을 쌓아 놓은 모습이라니. 깎아지른 낭떠러지 절벽 그 위에 후박나무 군락지의 갖가지 식물들이 자생하여 푸른 생명력과 조화로운 절경을 이루고 있다.

채석강을 왼쪽으로 끼고 바다가 바라보이는 격포 해수욕장 언덕위에 우리는 텐트를 쳤다. 서해의 멋있는 낙조를 감상하리라 내심 기대하면서. 그러나 실비는 그쳤지만 구름자락에 덮인 서녘 하늘에 노을의 장관은 볼 수 없었다. 바람 한 점 없는 찜통더위에 시달려야 했지만 밤새도록 쏴- 밀려갔다 철~석, 파도 소리가 여정의 정취에 흠씬 젖어들게 했다.

물새 우는 소리에 새벽은 깨어나고 등대 저 멀리 수평선 넘실대는 바다가 보이는 아침을 맞았다. 늦은 시각에 도착하여 꼼꼼히 보지 못했는데 마침 썰물이 빠져 나간 채석강 아래 너른 암반을 밟고 들어서 보니 동굴처럼 패인 바위틈이며 바닥에 바다의 미물들이 분주하게 내왕한다. 오래 머물 여유가 있다면 밀물 때의 또 다른 채석강 모습을 볼 수 있는 아쉬움이 있었지만 짐을 꾸려 부안으로 향했다.

서해의 해안 백리를 달리면서 펼쳐지는 갯벌과 변산, 고사포 등 유명한 해수욕장을 만나는 소박한 정감이 또 다른 상념에 젖게 한다. 울창한 소나무 숲과 화사한 웃음으로 반겨주는 도로변의 백일홍이 흐드러져 한창이다. 푸른 바다와 푸른 들판의 싱그러움이 나그네의 가슴을 탁 트이게 하는 낯선 여로.

부안읍에서 별미라는 백합죽도 월명사의 낙조대며 직소폭포도 일정에 쫓겨 뒤로 하고 선운사를 보러 고창에 들렀다. 들판의 수박 집하장에 군데군데 수박을 쌓아 놓은걸 보면 과연 수박의 고장인가 보다.

선운사 하면 먼저 미당 선생의 시가 떠오른다. 동백꽃이 많이 핀다고 하니 바다가 보일 것 같고 일주문은 계단 높은 곳에 있으리라 상상을 해 왔는데 들어 선 절간은 영 딴판이다. 도솔산 골짜기 개울물이 낮게 흐르고 대적광전 뒤로 동백 숲이 에워싸고 있다. 대웅보전 앞 양 옆으로 수문장처럼 한그루씩 지키고 서 있는 고목인 백일홍이 무척 인상적이다. 꽃잎을 달고 서 있지 않으면 나무 등걸 같은 몸체의 백일홍. 오랜 염불소리 들으며 부처님 지켜온 그의 생애가 뻗어난 가지만큼 우직해 보인다. 백제의 위덕왕(577년)때 창건한 절로 많은 암자를 두고 3천여 승려들이 수도하던 곳이라는데 지금 선운사는 규모가 크지 않고 내방객이 드물게 보인다.

우리는 절 입구 들풀에 싸인 미당 시비詩碑앞에 나란히 섰다. 미당의 시에서 선운사가 빛난 것처럼 선운사에서 동백나무와 미당의 시비가 어우러진 고창의 정서를 엿보는 것 같다. 선운사를 떠나오면서 짧은 일정에 강행군이라 여독으로 고단 했지만 여행에서 보낸 체험에 큰 의미를 두고 싶다.

집을 떠날 때의 설렘과 긴장감, 가뭄에 목이 타던 그해 여름 변산반도와 선운사는 우리 부부의 추억으로 오래 남을 것 같다.

샘터의 회화나무

우리 동네는 얼핏 보면 아파트로 들어찬 주변이 건조해 보이지만 아파트 담장이 끝나고 몇 채의 고 가옥 사이에 아름드리 고목 두 그루가 서 있다. 그 밑으로 철철 넘쳐흐르는 우물. 사람들은 이곳을 큰 샘 또는 샘터라고 부른다. 돌에 새겨진 그의 이름은 '괴정동 회화나무'(천연기념물316호)다.

이 나무의 수령은 600여 년 이상이며 괴정槐亭이란 마을 이름도 이 나무에서 유래된 것으로 옛날에는 근처에 여러 나무가 자라고 있었다고 한다.

나무의 키는 20m, 가슴높이의 둘레가 6.4m나 되는 노거수로 나무 밑의 뿌리 부분에서 흐르는 물은 옛날부터 식수로 사용하였고 수관 폭은 동서로 11m 남북으로 27m 가 된다고 한다.

처음 이사 와서 이 샘터를 보고 나는 오랜 지기知己를 만난 것처럼 반가웠다. 바로 지척에 부산의 동맥 지하철이 뚫렸는데, 이 마을의 옛 모습을 보존한 아름다움이 멋스러웠다. 큰 가지가 잘려 나가고 가슴팍이 상하여 돌과 흙으로 채운걸 보면 한눈에 그의 생애를 알 것 같았다. 내가 버스를 타러 갈 때나 시장을 오가며 맑게 찰랑이는 아래 샘터에서 빨래하는 아낙들의 정경이며 회화나무와의 만남에 애정을 갖는 것은 향수가 있기 때문이다.

내 고향에도 큰 샘이 있었다. 동네 장정들이 달려들어 쉬지 않고 양동이로 퍼내어도 한없이 솟아나던 물맛 좋기로 이름난 우물 치는 날이 떠오르곤 한다. 은어 떼 뛰던 강가의 정자나무 숲 골에는 동굴처럼 패인 것, 반쯤 누워 있는 것, 늙은 아름드리 느티나무가 많이 있었다.

새봄, 죽은 듯 서 있던 마른나무가 어김없이 싹을 틔워 숲 그늘을 만들어 마을 사람들을 쉬게 해 주던 곳, 오색 헝겊의 깃을 나부끼며 동네의 농악놀이로 지신이 밟히던 마을의 수호신, 바가지 물을 퍼내며 동네 이야기로 꽃피우던 우물가, 이제 모두 수몰이 되어 거대한 호수 속에 애잔한 파문만 일으킨다.

지난 정월 대보름 저녁이었다. 이 무렵이면 지방 마을에선 당산나무에 마을이 무사하기를 비는 소지를 올리고 제를 지냈다.

달맞이를 나왔다가 혹시나 하는 마음에 샘터를 찾았다. 나무 밑에서 켜 놓은 촛불이 꺼질 새라 몸을 가려 제물祭物 앞에 절을 올리는 여인이 있었다. '촛불 켜는 행위를 금한다'는 푯말을 아랑곳 않는 저 기원은 어쩌면 본능적일지도 모른다. 바로 저 모습은 옛 우리들 어머니의 모습이 아닐까.

지난 식목일. TV에서는 우리나라의 명목名木을 소개하였다. 세조께 정이품송이란 벼슬을 하사 받은 속리산의 소나무는 위풍당당하였다. 안동의 은행나무, 서울의 굴참나무며 백송은 모두 오래 묵은 고목으로 저마다 사연이 독특하였다. 특히 시선을 끈 나무는 토지세를 꼬박 내오고 있다는 이름도 고상한 석송령石松靈이란 고목이었다.

경북 예천군 감천면 천향리 석령 마을에서 600년을 살아오고 있는 (천연기념물294호) 이 나무는 자식 없이 혼자 살던 이수목이란 이 마을 노인이 마을 어귀에 있던 이 노송에 석송령이란 이름을 짓고 자신의 땅을 이 나무 앞으로 명의를 이전했기 때문이다. 그런걸 보면 우리 조상들이 하늘을 향해 높게 뻗치도록 나무를 오래 가꾸어 숭상해 온 것은 가히 신앙적이 아닌가 싶다.

4월도 중순. 벚꽃도 지고 눈부신 햇살에 여린 잎새들이 무성해지고 있었다. 나갔다 오는 길에 샘터에 들려 고목을 살펴보았으나 아직 마른 가지에 눈뜰 기미가 보이지 않았다. 기운이 쇠잔하여 죽지 않았을까 하는 기우는 봄마다 경험했던 일이다.

나는 회화나무의 수종도 이 나무를 보고 처음 알았으며 회화나무를 묘목으로 탄생식수를 하면 아기가 곧고 바르게 잘 자란다는 얘기도 처음 들었다. 마을의 안녕을 지켜주는 나무에게 일 년에 두 번씩 동리 제를 지냈다는 이 마을 옛 사람들은 바른 행실과 청정한 심성으로 살고 싶어 저 나무를 심었을 것이다.

샘터를 오갈 때마다 새 잎이 돋기를 고대하던 4월이 저물 무렵 연두 빛 속잎을 틔우기 시작했다. 5월의 햇살에 뻗어나는 기운은 신록에서 나날이 짙은 녹음으로 장대한 숲을 이루었다.

유난히 무덥고 가뭄 또한 극심하여 올해의 여름 부실하고 어린 나무들은 속속 마른 삭정이로 변해갔다. 그러나 큰 샘의 맑은 물은 언제나 넘쳐 흐르고 회화나무 짙푸른 숲은 동네와 오가는 길손의 더위를 식혀 주었다. 8월 복더위에 회화나무는 황백색의 꽃을 피우기 시작하여 날마다 새로운 꽃 무리를 흐드러지게 피워냈다.

동네를 오래 지켜온 할머니들은 이렇게 많은 꽃이 핀 적은 유례없는 일이라며 하루 쓸어내는 꽃비가 굉장하다고 하였다. 꽃이 많이 피는 해는 시절이 좋을 징조라면서 더위도 잊은 양 흩날리는 낙화를 연신 쓸어 담아냈다.

나는 마치 향연에 초대된 귀빈이라도 되듯 그가 베푸는 넉넉한 그늘과 짙은 향기에 싸여 쉬어 갈 때마다 행복한 미소를 보냈다. 그리고 원추화서圓錐花序에 꼬투리는 염주상念珠狀으로 10월에 열매가 익는 것을 지켜보며 나는 아낌없는 찬사를 보냈다.

시멘트는 50년 동안 그 독을 뿜어 해를 끼치며 나무는 600년 동안 그 기운을 뿜어 혜택을 준다고 한다. 우리 사람들은 늙어 갈수록 추한 모습으로 변해 갈 뿐 아니라 보살핌을 받거나 어디 엔가 의존하지 않고 살아가기 힘들다. 그러나 나무는 죽는 날까지 의연한 자태로 우리에게 은혜로운 존재로 아낌없이 베풀고 간다.

이제 조락의 계절. 나무들은 저마다의 색깔로 물들어 한 잎, 두 잎 떨치고 있으나 회화나무는 아직 원색 그대로 청청한 위력을 과시하고 있다. 아마 봄을 늦게 시작한 것처럼 가을도 늦게 맞이하려는가. 마지못해 세찬 바람에 아쉬운 잎새들을 떠나보내고 나면 헐벗은 나목 가지 높은 곳에 덩그러니 까치집을 이고 서 있으리라.

나는 오늘도 회화나무의 건재함에 마음이 흐뭇해 이렇게 소망해 본다. 부디 천수를 누려 그 덕성으로 평화롭고 인심이 샘솟는 마을이 되게 해달라고. 그리고 어쩐지 그렇게 발전 할 것 같은 기대로 이 동네에서 오래 살아야겠다는 다짐을 해본다.

자갈치에서

입춘 우수도 지나 봄기운이 거리에 감돌고 있다. 겨울 잔해를 쓰러뜨리며 자갈치행 버스가 바쁜 사람들을 쏟아 놓는다.

우리 집 달력에는 동그라미 그려진 날짜가 많은 편이다. 올해의 첫 동그라미 밑에 적힌 기일忌日 날짜에 맞춰 장을 보러 나왔다.

나는 자갈치에 자주 온다. 여느 저잣거리에서 볼 수 없는 진귀한 해산물이 있는 것은 물론 모든 장보기를 이곳에서 끝낼 수 있는 편리함 때문이다. 질척거리는 바닥과 튀는 갯물은 비린내가 묻어도 좋을 편한 신발과 간단한 복장이 제격이다. 언제 나와도 느슨한 나를 추스르게 하는 곳, 작은 목소리 보다 높은 목소리에

화음이 되는 부산하고 생동감 넘치는 삶의 현장이다.

자갈치는 흡사 바다 속을 환히 들여다보는 것 같다. 여기저기 수많은 어패류의 종류를 구경하는 재미는 이곳에서만 느낄 수 있다. 연안에서 건져 올린 비늘 고운 참한 생선이 도도하게 줄지어 누워 있다. 북양 깊고 광활한 바다에서 잡혀 온 덩치 큰 고기들도 언 몸을 녹이며 포개어져 누워 있다. 퍼덕이는 생물체와 갯내음 섞인 바람을 타고 통통거리는 뱃머리, 생선 상자를 분주히 옮겨 다니는 활기찬 정경이다.

고무 앞치마를 두른 아저씨의 손놀림을 본다. 꿈틀거리는 횟감의 뼈를 발라내고 도려내는 날렵한 칼질은 어쩌면 조각을 쪼아내고 다듬는 장인匠人의 솜씨 같다. 오차 없이 썰어내는 틈틈이 곁눈질 해 지나는 손님도 놓치지 않으려는 집요하고 치열한 상인 정신은 가히 놀랄 만하다.

바다는 무한한 자원이다. 물밑 지층 깊숙이 묻혀 있을 광물성은 접어두고 수많은 생물들을 키워내는 드넓은 품속이다. 이름도 예쁜 꽃게, 옥돔, 병어라든지 쥐를 닮은 쥐치 줄무늬의 개상어는 신기하다. 보기에는 같은 넙치 고기가 서로 다른 방향으로 입이 붙어 이름이 판이하다. 물에 불은 손으로 조개류를 까고 있는 아낙들의 솜씨 또한 민첩하다. 소라, 고동, 모시조개, 백합도 있고 전복, 홍합, 바지락 모두 예쁜 조가비다. 고등어로 알았던 방어, 볼락 농어도 신선하고 그 맛은 진미다. 가오리를 보며 꼭 가오리연의 모습 그대로 저걸 보고 만들었나 싶다.

이곳저곳을 둘러보고 조기와 도미 민어도 샀다. 아버님 좋아하시는 산 낙지 몇 마리 보리새우도 곁들였다. 예전에는 값도 엄청난 생 대구를 보니 문득 새댁 때의 일이 떠오른다. 시어머님 따라 처음 자갈치를 나와 제수용 생선과 커다란 생 대구 한 마리를 샀다. 새벽 바다 파도와 싸우며 혼신을 다해 끌어올렸을 어부의 수고를 감격해 하면서.

대구는 겨울 한철 귀한 것으로 부위마다 요긴하게 쓸 수 있는 이름 그대로 입도 크고 몸통도 큰 고기다. 어머니께서 수돗가에 칼과 도마를 내어놓고 장만해 보라고 하셨다. 다루기도 어려운 눈알 큰 고기를 어찌해 볼 수가 없었다. 어머니는 손수 의사가 집도로 해부하듯이 조목조목 분리하여 장만 하셨다. 머리와 내장은 국거리로 아가미는 무김치 담그는데, 몸통은 제사상에 올렸다. 넓은 바다에서 해초를 누비며 자기세계에서 군림했을 몸도 우람한 한 생애의 최후를 보았다. 이제 어머님은 이 세상 분이 아니다. 그러나 나는 그런 대구를 사지 못한다

우리 연안 근해서 질 높은 어종들이 점점 줄어든다고 한다. 바다 오염이 심각하여 자원이 고갈되고 있다니 가슴 아픈 일이다. 바다를 살리자는 목소리가 뒤늦게 높아지고 있다.

제철을 맞은 미역, 다시마, 파래가 한창이다. 우렁쉥이도 토실토실 알이 찼다. 좌판이 즐비한 노점에는 생선 상자를 빨리 비우

려는 아낙들의 경쟁이 치열하다. 가게도 없이 옮겨 다니며 물이 가기 전에 빨리 팔아야 하는 생선의 특성 때문에 노점은 무더기로 값이 싸다. 어디선가 호루라기 소리와 함께 단속차량이 들어섰다. 미처 피하지 못한 생선 상자가 차에 엎혀졌다.

어느 여름 해수욕장 김밥 할머니가 스쳐지나갔다. 갓 이고 나온 함지박엔 김밥이 가득했다. 완장을 낀 단속 청년과 마주친 할머니는 사정 보다는 애원이었다. 아랑곳 않는 청년이 그 많은 김밥을 모래사장에 무참히 패대기쳤다. 순간 "이놈아 너는 어미도 없느냐" 처절한 할머니의 절규가 여름 폭염보다 뜨거웠다. 쫓고 쫓기는 자 누가 옳고 그른 것일까. 하루하루를 벌어서 살아가는 그들에게 노상은 유일한 일 터가 될 것이다. 김밥 할머니도 생선 아주머니도 내일 당장 일 터를 떠날 수 있을까. 나는 혼란스러워지는 머리를 흔들었다.

길 건너 도심의 번화가 유행의 거리를 꿈꾸듯이 물결치는 행렬이 보인다. 쌀 한 되 값의 차 한 잔은 주저하지 않는 도시인들이 노점 영세한 좌판 앞에 인색한 것은 사람의 속성인가 보다. 나도 모르게 자갈치 아낙들의 억척스런 분위기에 동화되고 만다.

자갈치를 다녀오는 날, 양팔이 무겁도록 힘겨운 장바구니가 되어 돌아오는 길은 늘 버스행이다. 이날 우리 식탁은 싱싱한 해물로 풍성하다. 세계의 장수촌은 해안 지방이고 우리나라도 청정해역인 남해안 섬 지방이라고 한다. 부산의 명물 자갈치 가까이 사는 인연으로 이따금 물 좋은 해산물로 만찬을 누려 보기도 한다.

황룡사지皇龍寺址를 거닐며

지난해 봄, 경주 박물관을 단체로 관람하는 기회가 있었다. 일행 중에 사학을 전공한 현직 교사의 설명 덕분에 문화재에 대한 이해가 한층 쉬웠다.

중학교 수학여행 때 나는 경주와 처음 만났다. 온종일 차멀미에 시달리며 달려와 내린 곳이 불국사였다. 국사책에서 본 그림들이 모두 실물로 서 있다는 확인만으로 우리는 기념 촬영에 바빴다. 고적을 두루 다녔는데 박물관에서 본 유물로는 에밀레종과 금관 그밖에는 기억이 없다. 그 후 박물관을 한번 다녀왔는데 시간에 쫓겨 꼼꼼히 돌지 못해 아쉬움이 남았었다. 전시관을 돌면서 나의 관심을 불러일으킨 것은 축소된 황룡사 모형이었다.

우선 그 웅대한 거찰 규모에도 놀랐지만 9층 목탑을 본 순간 장륙존상과 탑의 조성에 관한 삼국유사가 떠올랐기 때문이다. 특히 황룡사에서 출토된 어마어마한 치미를 보면서 가람의 크기를 가히 상상케 하였다. 궁궐이나 사원 같은 커다란 건물의 기와지붕 용마루 양 끝에 있는 대형 장식 기와로 길상과 벽사의 의미를 지닌다고 한다.

망새라고도 하는 그 기와는 한 번에 다 굽지 못하여 둘로 나누어 구운 뒤 끈으로 묶었던 흔적을 볼 수 있었다. 도깨비 무늬의 모서리 암막새며 연꽃무늬 수막새 쌍봉무늬 암막새 등 수 만 점이 그곳에서 수습되었다고 한다. 그날 이후 늘 황룡사지에 대한 기대를 떨칠 수가 없었다. 벼르고 있던 참에 어느 답사팀에 동참하게 되었다.

7월 초순의 더위가 만만치 않게 볕살이 뜨거웠다. 허허롭게 넓은 절터 초입에 당간 지주만이 외롭게 서 있었다. 원추리꽃, 달맞이꽃이 개망초와 어우러져 우리를 반겨 주었다. 황룡사 창건은 진흥왕 14년(서기 553년) 반월성 남쪽에 새 궁궐을 지으려 하는데 황룡이 나타나 이를 이상히 여겨 절을 짓게 되었다고 삼국유사는 전한다. 진흥왕에서 선덕여왕 때 9층 목탑 완성까지 4대왕 93년이라는 긴 세월에 걸쳐 완공된 대사찰이다.

금당지 앞에서 솔거의 벽화를 떠올리며 노송에 앉다 떨어지는 새를 그려 보았다. 금당 앞의 9층 목탑은 자장율사의 권유로 선덕여왕 12년(서기 6431년)에 백제의 명장名匠 아비지阿非知를 초청하여 조성한 신라 최초의 목탑이며 호국성보였다.

9층 목탑의 높이가 80m나 된다니 지금의 아파트 15층 높이를 생각하게 하는 거대한 탑이 들어선 것이다. 탑을 9층으로 한 것은 1층부터 일본, 중화, 오월, 탁라, 응유, 말갈, 단국, 여적, 예맥 등 아홉 개의 이웃 나라로부터 시달림을 막기 위함이었다. 고종 25년(서기 1238년) 몽고군의 침입으로 가람 전체가 불타 없어지고 지금은 초석과 심초석 만이 남아있다.

백제의 유명한 장인 아비지阿非知는 탑의 중심 기둥을 세우던 날 밤에 본국 백제가 멸망하는 꿈을 꾸었다. 꿈을 꾼 후 그가 탑 역사에서 손을 떼려 하였더니 문득 천지가 진동하고 사방이 어둑한 속에 한 노승이 금전문에서 나와 심주를 세우고 이내 간 데 없었다. 결국 아비지는 맘을 고쳐먹고 역사를 마쳤다고 한다. 탑 속에는 자장이 당나라에서 받아온 사리를 봉안 하였는데 그 후 수차의 벼락과 지진에 수리를 거듭하였다.

금동삼존장륙상의 자취는 금당지 내에 현재 남아 있는 석조대좌가 흔적을 말해 줄 뿐이었다. 불상의 조성을 이루지 못한 인도의 아육왕은 구리와 황금삼존상의 모형까지 배에 실어 바다에 띄워 보냈다. 인연이 있는 나라에 가서 조성되기를 빌었더니 배가 울산 근처 바닷가에 도착하여 신라에서는 한 번에 조성하여 모셨는데 고 신라 최고의 불상으로 추정하고 있다.

성골 출신의 승려가 주석하도록 한 신라 왕실의 권위와 상징인 황룡사! 왕이 친히 행차한 가운데 자장율사 원효대사의 강설이 있었으며 국가의 대사를 치루는 국찰이니 그 위용은 가히 짐작이 될 만하다. 황룡사는 분황사와 함께 네 개산이 마주치는 중심 경주 시가지였던 배반들에 위치해 있다. 그 옛날 얼마나 많은 귀족들이 저 탑을 돌며 무엇을 기원했을까. 그리고 끊임없는 삼국전쟁으로 피폐한 생활에다 절을 짓는 공사에 동원되었을 평민들의 피와 땀이 배어 있을까 생각하면 신라의 불교는 나라를 지키기 위한 투혼의 신앙으로 저력을 갖지 않았나 싶다.

황량하고 볼 유물 하나 없는 사지寺址, 다만 그 옛날의 자취를 더듬어 역사의 향기를 맡으며 마음껏 상상해 볼 뿐이었다. 목탑터 옆 흙으로 만든 언덕에 올라 나는 생각에 잠기었다.

황룡사 대종은 아직 천년의 세월을 먹고 문무대왕암이 있는 감은사 언저리 대종천大鍾川에 잠자고 있을까? 몽고군이 탐을 낸 나머지 동해까지 옮겨 와서 배에 끌어 올렸으나 그 무게 때문에 배가 전복하여 가라앉았다는 대종은 에밀레종보다 4배나 되는 100톤의 무게며 17년이나 앞서 만들어 세계 최대의 종이었으리라. 잔잔한 바람이 일렁이는 절터 옆 낮은 공터에서 모형 비행기를 날리며 환호하는 어린이와 아빠들의 정경이 아이러니컬 하다고 할까.

나는 황룡사지의 흙을 밟으며 우리 문화유산에 대한 인식을 새롭게 하게 되었다. 황룡사는 사라진 것이 아니라 신라 호국 불교의 그 투혼이 살아 숨 쉬는 곳이라고. 경주는 올 때마다 더욱 내밀하게 다가오는 고장이다.

고향집 가꾸기

어느 가을날. 낯선 마을에서 엽서 한 장이 날아왔다. 같은 시내에 살면서 자주 연락도 하고 가끔 만나 뵙기도 하던 K선생님이 띄우신 엽서다. 밀양의 깊은 산골 교통이 불편한 외진 마을로 이사를 했는데 시간이 나면 놀러 오라는 것이었다. 공기도 좋지만 염소나 양봉에 관심이 있으면 도와주겠다는 동네 사람들을 보면 인심도 좋아 보인다는 내용이었다.

이북에 고향을 둔 실향민失鄕民으로 월남 후 부산에서 터를 잡고 살아오신 그분과의 인연은 남편의 첫 직장에서였다. 공적으로는 엄격하시지만 사적으로는 정이 유달리 많으신 분이다. 이러한 인품 탓에 많은 동료, 후배들로부터 존경을 받아왔고 우리 부부에게도 평소 늘 아껴주시고 지도해 주심에 더욱 가깝게 느껴졌다.

일가친척이 없는 외로운 가정이기에 명절에는 우리 부부가 함께 댁에 찾아가 근황을 여쭙고 의논도 드리는 교분이 있는 사이다. 연세가 들면서 건강도 좋지 않은데 아무 연고도 없는 낯선 산간벽촌山間僻村에 정착한 사실이 믿기지 않았다.

설날로 기억되는데 댁을 방문했을 때였다. 책장에서 기술서적을 모두 꺼내어 챙겨 주셨다. 이제 모든 사회생활에서 은퇴했으니 이 책은 필요한 사람이 가져야 되는데 적임자에게 주는 것이라고 하시면서. 요즘 구하기 어려운 일본서적이며 귀한 책들이 몇 박스가 되었다.

그날. 책을 자동차 트렁크에 싣고 오면서 고마운 마음 한편으로 조선계造船係의 전문 기술인으로 일생 고락을 같이 해온 손때묻은 책을 떠나보내는 그 분의 심경을 헤아릴 수 있었다. 어려운 시대. 산업사회에 기여한 몫이 크건만 이재利財와는 거리가 먼 올곧은 성품이 남루襤褸한 현실을 낳지 않았나 하는 생각이 들었다. 변화된 생활도 궁금하고 뵙고 싶기도 하여 우리는 휴일을 택해 이사한 곳을 찾아갔다.

들판을 지나 굽이굽이 산을 휘돌아 골짜기 끝자락에 10 여 호 남짓 산허리를 기대고 앉은 작은 마을인데 58세의 나이가 최연소자라니 노인세대를 짐작할 것 같았다. 감나무가 울창하게 동네를 에워싼 한적함을 깨고 개 짖는 소리가 간간히 들렸다. 비록 퇴락한 농가지만 도시의 전세방 값으로 장만할 수 있는 넉넉한 여유가 다행한 일이었다. 옛 주인은 고향을 버리고 도시로 떠났지만 새 주인은 고향집에 돌아온 귀농자歸農者 같다고 할까.

'촌집' 싸게 매매한다는 신문광고를 보고 무턱대고 찾아 온 곳이 안장마을. 양지 바른 남향집이라 첫 눈에 들었고 넓은 마당과 커다란 축사까지 갖추었으니 망설이지 않고 결정했다는 사모님의 용단이 대단하게 느껴졌다. 허물어져 내리는 빈집을 하나씩 고쳐나가는 일이 쉽지 않을 텐데 한번 다녀 올 때마다 새로운 모습으로 변해갔다.

토방과 툇마루를 틔워 큰방을 만들고 겹으로 창문을 달았다. 새로운 고향집을 만들어 가꾸는데 열정을 쏟았다. 평생 농촌 생활이 처음인 고희古稀를 넘긴 노부부가 가능한 일일까 하는 것은 기우에 불과했다. 텃밭의 채소며 축사의 염소들이 차츰 늘어가고 염소 사육에 이젠 전문가가 다 되있다. 시료만으로 부족하여 매일 두 차례씩 산에 올라가시는 사모님. 풀과 나뭇잎을 커다란 푸대로 장만해 나르는 노익장은 누가 보아도 한창 중년의 여장부 같다. 영감님의 지병 수술 후 노동의 감당은 사모님 몫인데 함경도 출신의 강인한 생활력은 나에게 자극이 되었다. 고등교육을 받은 그 당시의 신여성으로 전쟁이 몰고 온 이산의 아픔이며 갖은 파란을 겪고 살아오신 치열한 정신력에 감동을 받는다.

반듯한 4남매의 자녀들이 있지만 의존하지 않고 노후의 삶을 개척하는데도 여성의 헌신적인 힘이 위대하다는 걸 새삼 깨닫게 된다. 염소 분뇨를 이용해 가꾼 호박 넝쿨이 실하게 뻗어나고 호박을 달기 시작하면 가을이 멀지 않다.

우리 집 봄의 화신花信은 밀양에서 제일 먼저 온다. 뒷산에 진달래가 꽃망울을 터뜨리기 시작했으니 쑥 캐러 오라는 전화를 주시고 가을이면 우리도 감 따는 날을 기다린다. 담장 울타리 밑 곳곳에 심은 꽃모종이며 영산홍, 꽃 사과나무가 색색으로 피어난다. 풀을 서로 끌어당기며 아작아작 염소들의 다툼이 여간 귀엽지 않다. 나날이 살쪄가는 축사를 지켜보는 모습이 순후하고 아름답게 보이는 것은 아마 욕심 없는 자연인으로 돌아간 때문이리라.

외롭고 힘들 때 더 달려가고 싶은 곳. 잃어버린 친정 부모님 계시는 고향집 같다. 근검절약 하시는 생활 철학과 향기가 배어나는 인간미를 본받고 싶다. 당신 걱정보다 우리를 더 심려 하시니 드리는 것보다 받는 사랑이 더 크다. 문화와 단절된 8년의 세월이 지난 지금 그 마을 주민들과 동화되어 고향인양 안정된 생활을 하시니 그나마 다행한 일이다.

살림이 옹색해도 마음만은 넉넉한 그분들의 배웅을 받고 돌아올 때마다 안타까움이 뜨거운 가슴을 짓누른다. 그런 까닭은 아무래도 해가 다르게 쇠잔해 가는 연로한 어른이기 때문일 것이다.

캉캉 춤

라디오에서 캉캉 음악이 울려 퍼진다. 새롭게 편곡한 앳된 목소리로 부르는 노래가 잠자고 있는 집안을 깨우듯이. 캉캉을 듣노라니 입가에 미소가 번져 나왔다.

벌써 오래전의 일이다. 봄꽃 축제가 한창이던 어느 날. 남편의 대학 동기 부인회에서 전화가 걸려왔다. ROTC 임관 30주년 기념행사 때 거주 지역별 장기 자랑에 나갈 준비 모임에 나와 달라는 통보였다. 전국의 동기 회원이 부부동반으로 경주에서 열리는데 일정이 얼마 남지 않은 시점이다.

범일동 상록회관에 들어서니 장구와 음향기기를 갖춘 연습실에는 날씬한 무용 강사가 바쁘다는 듯이 나를 맞이해 주었다. 벌써 며칠 전부터 십여 명이 춤 연습에 들어갔는데 사람 수가 모자라 나를 충원하게 되었던 모양이다. 자신이 없어 하는 나에게 모두 같은 조건이라고 설득했다. 우리 일원 중에는 고전무용을 수업한 사람도 있었지만 나같이 전혀 문외한도 더러 섞여 있었다. 무용이라고 해 본지도 아련하지만 우람한 체격에 어울리지 않는 난감한 일이나 사정이 그런지라 어쩔 수 없이 한자리 차지하게 되었다

우리의 초등학교 시절엔 해마다 학예회를 열었다. 노랑 저고리 다홍색 치마에 바구니를 들고 도라지 춤을 추던 8살 유년의 색 바랜 사진을 보면 다른 아이가 아닌가, 착각할 만큼 세월의 더께가 무심하다.

상급생이 되면서 현대무용을 주로 했는데 중학교 1학년 신입생 때 구성된 학예회가 있었다. 개교한 역사가 얼마 되지 않은 시골 중학교에 많은 학생 유치를 위해 홍보도 겸해서 신입생 환영회 취지로 각 마을을 순회하면서 학예 발표회를 하게 되었다. '호동왕자와 낙랑공주'를 연극으로 꾸미고 노래와 춤을 곁들였다. 고전의 맛을 살린 춤극 '춘향전'이 선택되었다

나의 역할은 향단이역으로 춘향이가 그네를 타고 이 도령과 노닐 때 방자와의 익살스런 춤사위로 웃음을 자아내는데 장면마

다 학부모님들의 사랑을 많이 받았다. 춘향이의 그네를 밀어 올리며 유영하는 듯 치마 자락을 나부끼던 소녀시절은 아스라한 기억속의 아름다운 추억이다. 그 이후에는 주로 매스게임 같은 단체 무용 외에 춤이라고는 추어볼 기회도 없거니와 관심을 가질 여유조차 갖지 못했다.

처음 시작되는 춤은 우리민요인 노들강변. 느리고 조용한 가락이라 생소 하지 않고 유연하고 아름다운 자태는 아니지만 섞여 추는 군무라 그런대로 순서부터 따라 익혔다. 문제는 그다음에 메들리로 이어지는 격렬하고 템포가 빠르게 돌아가는 캉캉 춤에 있었다. 내심 색다른 발상이라 놀랍고 웃음을 감출 수 없이 당혹스러웠다. 다리를 높게 번쩍번쩍 차올리며 리듬에 맞춰 경쾌한 몸놀림을 강조하는데 가뜩이나 굼뜬 나의 동작으론 만만치 않은 난감한 일이었다. 뜻을 모아 시작한 일이니 포기할 수도 없거니와 연습날짜가 많지 않아 열심히 해야 순서라도 익히고 리듬을 탄다고 하였다. 우리 모두 무용해 본지가 언젠데 못하는 건 당연하다는 위로를 하면서.

하루하루 열심히 연습한 덕분으로 차츰 틀리지 않고 조금은 리드미컬한 진전을 보였다. 경직되었던 몸동작이 부드러운 표정 연출이 될 즈음. 연습은 끝이 났다.

캉캉 춤은 19세기 프랑스 파리가 본 고장으로 여성들의 잠재된 스트레스를 해소하기 위하여 개발된 춤이라는 설도 있고 여성들의 권익을 호소하는 발산의 춤이라는 얘기도 있다. 화려한 무대, 외국여성 무희들의 캉캉을 볼 때면 쭉쭉 뻗은 늘씬한 다리를 차올리는 경쾌한 모습이 시원하고 발랄해서 무대를 사로잡는다. 춤이란 몸으로 표현하는 예술인데 춤사위 한 동작마다 혼을 불어 넣은 듯 강하면서 약한 듯 느리다가 빠르고 부드럽게 무대를 누비는 춤꾼들의 모습은 환상적이다. 그러나 프로가 아닌 우리들의 어설픈 춤이 또 다른 애교와 재미를 더한 쇼가 될지도 모를 일이기는 하다. 캉캉 춤에 맞는 의상을 갖추려면 폭이 넓고 화려한 프릴 달린 치마가 필요한데 각자 갖고 있는 한복 처음 입은 그대로 결정이 되었다. 어차피 분위기를 돋우기 위한 우리들의 잔치인데 의상비도 절감하고 그나마 다행한 일이었다. 한복은 어떤 체격이든 많이 보완해주고 무엇보다 다리를 번쩍번쩍 들어올려도 편하다는 견해들이었다. 일상의 단조로움에서 벗어나 잠시나마 춤 연습을 하는 동안 웃음을 안겨준 나날들이 어느새 팀원들을 동화시켰다고 할까.

드디어 결전의 날이 왔다. 총장님. 학군단장님이 동석한 모교버스 두 대가 동문부부들을 태우고 경주로 향했다. J호텔에 도착하니 각 지역마다 속속 단체들이 당도하고 전야제의 서막이 올랐다. 30년 전 한창 패기 충천했던 소위 임관의 벅찬 순간들을 상기시키는 축사와 회원들의 소개 순서. 돈독한 우정과 결속을 다지는 함성에 이어 자축하는 무대가 열렸다. 서울이나 대부분의 지방회원들은 입고 온 의상 그대로 합창이나 독창으로 장기자랑을 준비하였다. 물론 다양한 레퍼토리와 고도의 노래 솜씨를 보이는 팀도 있었다. 각양각색의 한복으로 갈아입고 부산 팀이 등장하자 예사롭지 않다는 분위기가 감돌았다. 조용하고 느리지만 우리가락 노들강변 춤사위가 덩실 덩실 장구소리도 흥을 돋우었다. 이윽고 반전으로 흘러나오는 캉캉음악에 맞춰 한복치마를 잡고 힘차게 다리를 차올리자 장내는 박수와 폭소가 터져나왔다. 카메라 플래시 터지는 사이로 덩달아 카메라를 들이대는 남편의 모습도 보였다. 얼굴은 상기되고 빠른 캉캉 리듬에 숨은 차는데 분위기는 한껏 고조되었다. 특히 마지막 캉 캉 캉 캉 빠른 클라이맥스와 동시에 끝나는 순간의 모습은 나이를 초월한 열정의 무대를 선사 했다고 할까. 사회의 각 분야에서 열심히 활동하는 동기들 앞날에 건승과 무궁한 발전을 위하여.

올해도 꽃소식과 더불어 고을 마다 축제가 봇물을 이루고 있다. 각 학교마다 동창회가 왕성하게 열리는걸 보면서 사람의 회귀 본능 때문이 아닐까 하는 생각을 해본다.

경주는 사계절 언제 가도 볼거리가 많은 천년고도이지만 화창한 봄날에 펼쳐지는 아름다운 벚꽃 향연은 장관을 이룬다. 그리고 우리 부산에서 가까운 관광지로 자주 가는 곳이다. 시가지에 들어서서 J호텔을 지날 때면 그때 캉캉 춤을 추던 연회장을 바라보며 빙긋 웃음이 새어나오곤 한다. 지금 생각해도 캉캉 춤을 시도한 우리 팀이 재미있고 용기 있었다는 생각이 든다.

요즘에는 프로그램을 통해 스포츠댄스나 여러 가지 춤 운동으로 건강하고 활기찬 삶을 위하여 나이든 사람들도 많이 참여 하는 다양한 시대가 되었다. 예전에는 춤을 춘다고 하면 부정적인 시각으로 보는 사람이 많았는데 나이든 지금 부러운 생각이 드는 것은 무리가 가지 않고 음악과 함께하는 즐거운 운동이라는 데 있다.

춤을 배운 사람들의 몸 자태는 반듯하고 부드러우며 건강미가 넘친다. 몸매 또한 절로 가꾸어지는 것 같다.

고전무용도 상당한 운동량으로 건강관리에 많은 도움이 된다고 한다. 늦은 나이지만 슬그머니 욕심이 나기도 하나 춤을 배우는 시도는 자신이 없으니 즐겨하는 등산이나 열심히 해야겠다.

캉캉이 흘러나오면 그때 한복입고 춤추던 우스꽝스런 무대 연출이 떠오르고 힘찬 고동소리를 느낀다. 오랜 세월 속에 묻혀있던 사진에서 진땀을 빼고 있는 모습이 중년을 아름답게 수놓은 인생의 한 장면이기도 하니까.

여름

꽃 피고 새 울면

해가 바뀌면 묵은 달력을 떼어내고 새 달력을 걸기 전에 거쳐야 하는 과정이 있다.

여느 가정이나 연중행사가 있겠지만 종가宗家인 우리 집은 더 많은 행사를 챙겨야 한다. 얼마 전 까지만 해도 사대봉제사四代奉祭祀를 모셔왔는데 가정의례준칙으로 많이 줄어든 셈이다. 특히 제사날짜를 음력으로 사용하는 유교문화를 현대에 살고 있는 우리가 기억하는 게 쉽지 않다. 달력에 정확한 날짜를 체크하여 동그라미를 그려 나가야 한다. 동그라미를 그리다 보면 축 결혼기념일. 생신, 생일도 있고 추모하는 기일忌日도 있다. 월별로는 기일이 몰리는 달이 있는가 하면 아주 더울 때와 추운 겨울에도 있다. 근대에 와서 출생이야 계획 출산도 가능하여 때를 맞춘다고 하지만 돌아가시는 날이야 사람의 의지로 어쩌지 못하니 인명人命은 재천在天 이라 하지 않는가.

그럼에도 조상님께서 하루를 사이에 두고 돌아가셔서 삼복더위에 연달아 신위神位를 모시다 보면 야속한 심사가 되기도 하여 민망스럽다. 며느리로서는 자연적으로 생전에 모습을 뵌 분도 있고 모르는 분도 있기 마련이다. 사월에(음력3월) 기념일을 보니 두건이 있었다. 그 중 하루는 시할머니의 기일이다.

내가 결혼했을 때 할머니는 일흔을 조금 넘기신 노인으로 우리집안 제일 높으신 어른이었다. 열여섯 어린 나이에 칠남매의 맏며느리로 시집오셔서 슬하에 또 칠남매를 두셨다. 사십대에 할아버지와 사별하시고 생애 전부를 아버님(맏아들)께 의지하신 전형적인 삼종지도三從之道 로 사신 분이다. 할머니는 사대四代가 한집에서 사는 대가족생활을 해 오신 분이라 사람 많이 모이는 집안행사를 좋아하시고 손님 오시는 걸 반가워하셨다.

욕심이 없고 당신 잡숫는 것 보다 남 주기를 좋아하신 할머니는 소지품으로 금으로 된 쌍가락지를 갖고 계셨다. 손가락에 낀 가락지를 만질 때 가끔 고생이 많은 삼거리 고모님한테 물려주고 싶다는 말씀을 하시곤 했다.

할머니의 90회 생신날로 기억되는데 숙부님 고모님 친 외손들이 많이 모였었다. 주인공인 할머니를 가운데 모시고 옛날이야기로 꽃을 피웠다. 자손들이 모일 때 마다 빨리 죽어야 한다는 말씀을 자주 하시곤 했는데 문득 할머니께서 금가락지를 빼어 들고 결심이라도 하신 듯 6대종손인 아들아이에게 쥐어 주시는 것이다. 너무 예기치 않은 순간적인 일이라 당혹스럽고 의아해 하고 있는데 나이든 외손자(할머니의)가 역시 할머니는 돌아가셔서 제사 얻어 잡수려고 제대로 택한 속셈이라며 익살을 떨었다. 중학생인 아들이 의기양양하여 개선장군이라도 된 듯 손바닥에 놓고 들여다보다가 나에게 내밀었다. 잘 간수해 달라는 부탁과 함께.

할머니는 늘 흩어져 살고 있는 피붙이에 대한 그리움의 열병을 안고 살면서 죽고 나면 안와도 살았을 때 보러 오라는 당부를 하셨다. 꽃 피고 새 울면 죽는 게 소망이라고 주문처럼 외시던 할머니! 먼저 가신 며느리 대신 효성이 지극하신 큰아드님의 보호를 받으며 무병장수 하시다가 98세를 일기로 운명하셨다. 꽃이 흐드러지게 피어나고 새들이 우짖는 사월의 찬란한 봄날에.

할머니의 꽃상여가 고향 선산을 오르며 “너홍 너홍 인제 가면 언제 오나 북망산이 어디인데” 앞소리꾼의 요령소리 맞추어 상두꾼들의 우렁찬 소리가 구슬프게 울려 퍼졌다. 그 앞으로 대학생이 된 종손宗孫이 영정을 모시고 가는 길 가에 찔레꽃순 뻗어나고 진달래는 지천으로 피었다. 온 누리 봄물 들어 약동하는 계절에 할아버지 곁으로 가셨다. 할머니 슬하에서 번성한 자손이 140

여명. 그늘 자락이 어느 정도인지 짐작하고 남을 일이다.

올해도 어김없이 봄은 다가오고 어느덧 할머니의 8주기가 된다. 생전에 늘 조손祖孫이 벗이라고 하신 할머니의 체온이 살아있는 가락지. 닳아서 가늘어져 모양도 일그러진 그 가락지는 가치를 매길 수 없는 사랑의 정표다.

농경시대의 우리 선조들은 가족의 단합과 우애를 다지는 공동체의식에서 애경사를 치렀을 것이다. 사람의 근본에 효孝를 으뜸으로 두고 조상 받드는데 정성을 다하는 제례를 올리는 날. 한자리에 모인 자손들은 고인의 생전을 회고하며 음식을 나누고 집안 대소사며 가족 간의 결속을 위한 행사가 되었을 것이다.

그러나 산업사회에서 급변하는 세상. 핵가족 화된 오늘날 전통을 그대로 지키기가 쉽지 않다. 어렸을 때 시골 고향에 할머니 따라 갔던 아들 녀석이 종손 대접을 받고 큰 벼슬처럼 자랑하며 우쭐댔다. 요즘 청년이 된 아들이 종손 호칭을 불편해 하는 눈치다.

젊은 세대들에게 전통을 고스란히 지키라는 요구는 무리가 된 세태가 되었다. 어제가 있어 오늘이 있듯 뿌리가 되는 구舊와 새로운 신新이 균형을 이루는 생활의 멋. 그것은 바로 우리 문화를 꽃피우는 게 아닐까.

환경이나 규모대로 간소한 차림이나마 날을 잊지 않고 음덕을 기리는 미풍양속. 그 정신만은 길이 간직해야 할 덕목이라는 생각이 든다.

황강의 추억

산세 수려한 봉우리에 둘러싸여 황강黃江을 끼고 아늑하게 내려앉은 산골. 날짜기 지천에 누운 바위들이며 강변에 깔린 고운 조약돌과 굽이쳐 흐르는 물소리 그치지 않던 그곳이 나의 고향이었다. 그런데 댐이라는 새로운 이름으로 강 허리를 막아 고향 마을이 수몰이 된 것이다. 아랫마을 어귀 강가에는 아름드리 느티나무 몇 그루 수호신인양 서 있었다. 동굴처럼 깊이 패여 있는 것도 반쯤 누워 있는 것도 있었다.

강 건너 언덕 밭에 하얀 감자 꽃 필 때 그늘 빨래터에 맑은 물소리 헤치며 빨래 헹구는 물밑으로 피라미 떼 유유히 놀고, 달 한

없이 밝은 여름밤 강가는 온통 멱 감는 아낙들로 강물이 넘쳤다. 친구들과 강변에 앉아 뛰어 오르는 은어 떼, 달빛 부서져 내리는 물보라를 보며 슈베르트의 세레나데를 불렀다

'명랑한 저 달빛 아래 들리는 소리 무슨 사연 여기 있어 소곤거리나. 만날 언약 맺은 우리 달 밝은 오늘 달 밝은 오늘' 우리들을 사로잡았던 그 달빛은 가슴속에 남아있는 소중한 추억이다.

태풍 때의 강 모습은 성난 마수처럼 굉음을 내며 굽이치던 가축들의 생죽음과 과일들의 아우성, 나뭇가지의 절규가 덮쳐왔다. 가뭄에 알몸을 드러낸 앙상한 강줄기의 심한 갈증은 기우제로 풀었는데 강가에 임시 장날을 열기도 하였다. 어쩌면 강은 숙명처럼 쓸려 가다가 할퀴고 순응하며 견디어 유유히 흐르는 자연의 섭리를 알았으리라.

가을걷이가 끝난 초겨울의 강물은 체념한 듯 빙하의 채비를 위해 차분하였다. 물속으로 내왕하던 물 건너 사람들이 나무 다릿발을 세워 청솔가지로 흙을 덮은 섶 다리를 놓았다. 설날 친구 집 세배 갈 때 고운 한복 입고 콩콩거리며 건너갔던 다리도 없어지고 강물 위에 출렁거리는 다리로 변했을 때 큰물 홍수에도 근심을 덜어주던 신기함이 있던 시절이었다.

심한 교통사고로 뇌를 손상한 친구가 있다. 약 풀어서 물고기 잡으러 시골 강에 가자는 연락이 가끔 온다. 물에 잠긴 고향 모습을 자주 보아온 그가 수십 년이 지난 일을 사진 필름처럼 찍어낸다.

해마다 여름 가뭄에 물이 줄어들면 온 마을 사람들이 강물에 첨벙대며 고기를 잡는다. 누가 한 일인지 윗물에서 내려오는 영문 모르는 고기잡이는 순식간에 벌어지는 잔치 같았다. 힘을 못 쓰고 꿈틀거리는 고기를 소쿠리나 손으로 건지는 일은 신나는 일이었다. 최근의 일보다 지나간 일에 또렷한 퇴행의 늪에서 허우적거리는 그의 삶이 가슴 저리다.

누나의 함지박 새참이 저 멀리 보이면 잡던 못줄을 놓고 휘파람 불며 논둑길을 달리던 아이다. 재빨리 주전자를 받아 들던 개구쟁이 유년에 머물러 있는 그 자신이 안타까울 뿐이다. 강을 끼고 난 산성 길을 청솔 내음 묻어오는 바람을 몰고 달음박질치는 꿈을 꾸고 있는 것일까. 종일 몇 대의 버스와 화물차가 먼지를 일으키며 털털거리고 찾아오던 산골에 교통사고는 세상 밖의 일이 아니던가 싶다.

어머니 산소 아래로 거대하게 차오르는 호수에는 느티나무 그네 줄을 밀어 올리던 큰 애기들의 한가위가, 모래판 씨름꾼들의 함성이 있다. 첫 새벽 소복단장하신 강가의 어머니 소지 올리시는 모습이 물결 지으며 파문을 일으킨다. 단발머리 나부끼며 편지 부치러 가던 우체국 빨간 통에는 무슨 소식이 없을까. 토담집 오막살이 대숲에는 고기떼가 살고 있겠지. 플라타나스 울창한 학교 운동장의 왁자한 소리, 정월 지신굿 하던 사당패들의 농악 소리가 기를 쓰고 일어서고 있다.

우리가족의 단란함, 순진무구했던 시절의 꿈을 키워주는 젖줄로 애환을 같이하던 황강. 어머니의 애환도 강물로 실어내린 뗏목의 역사도 강은 알고 있으리라. 문명의 이기 앞에 다시 태어난 골짜기. 포장이 된 아스팔트와 현대식 건물, 못 떠난 사람들의 새 터전을 바라보며 나는 낯선 이방인이 되었다. 이제 그들은 옛 사람들이 아니며 또 다른 인심에 익숙해 질 것이다.

호수에 갇힌 물은 가라앉은 모습으로 침묵하며 장엄한 수문을 향해 흘러갈 날을 기다리고 있는가. 가장 순수하고 청정했던 시절의 골짜기, 그 강물은 나의 감성을 싹틔워 준 발원이기도 하다. 물속에 잠긴 고향마을. 그 아래로 흐르던 황강黃江은 내 가슴속에 영원한 그리움으로 출렁거리고 있다.

고궁古宮 나들이

가을. 그 빛깔이 절정에 있는 하늘 드높은 날이다. 마침 주말 휴무를 하게 된 동생이 나들이를 제의했다. 서울 온 김에 고궁을 구경하고 싶다는 나의 팔짱을 끼고 자매가 갖는 오붓한 시간이다.

경복궁景福宮 담장 사이로 샛노란 은행나무와 열정에 겨운 단풍나무가 우리를 손짓하고 있다. 현재에서 과거로 돌아가 궁궐 안 생활 그 흔적을 보여 주겠다는 듯이. 근정전은 이제 한창 공사 중이다. 기록에는 세종 때(1395년)창건. 법궁 체제이후 여러 차례의 소실로 중. 보수를 거듭하고 많은 역사적인 수난과 변형을 거처 고종 때 대원군이 많이 확장 중건 되었다고 한다.

뒤로는 도봉에서 북악으로 내려오는 산세山勢가 든든하고 앞으로는 가슴 시원하게 탁 트인 주변 지세와 절묘한 조화를 이룬 명당. 자연과의 조화를 이상으로 살아온 우리 철학에 궁궐 축조 원칙을 적절히 가미시킨 것일까.

떡 버티고 선 해태상과 십이지신상을 뒤로 하고 내전인 강녕전으로 들어섰다. 요즘 TV에서 방영되고 있는 '명성황후' '여인천하'에서 자주 등장하는 교태전도 궁금하였다. 강녕전의 용마루 끝에는 장식 기와가 없었다. 이는 왕이 곧 용을 상징함이니 망새를 장식하지 않았다는 것이다. 교태전 뒤 담장 아래로 석축이 있고 굴뚝 네 개가 서 있는 아미산이 있다. 경회루 연못에서 파낸 흙으로 만든 둔덕 같은 인공 산이다.

중전의 구중궁궐 삶에도 어쩔 수 없는 한 여인으로 기원하며 신앙하는 공간이 필요했을까. 많은 사연이 깃든 곳이라는 상상을 해 본다. 대원군이 조대비를 위해 지었다는 자경전. 본채와 북행각 사이에 친 담장이 유명한 꽃담장이다. 옛날에도 여성이 사는 곳은 담장에 무늬와 글자 그림 등 치장을 많이 한 것을 궁궐에서도 볼 수 있다. 교태전 뒤 아미산에도 육각형의 굴뚝에 기와를 얹어 면마다 봉황 등의 벽사상, 십장생, 사군자, 만자문, 당초문 등의 길상을 구워 붙였다. 자경전 뒷담장의 일부를 굴뚝으로 연결시킨 옛사람들의 지혜가 참으로 멋스럽다.

붉은 벽돌에 여러 가지 꽃문양과 십장생. 뜻이 깊은 글자들을 새겨 구운 아름다움이 돋보인다. 아름다운 글자들은 이 집에 사는 분이 성인의 도리를 다하고 고귀하며 장수하는 축원이라니 저절로 기품이 묻어날 것 같다. 조대비와 권력의 암투를 하던 대원군. 힘찬 붓으로 난蘭 치는 모습이 떠올려진다.

애환으로 얼룩진 자선당(동궁)을 지나 경회루 연못가에서 누각을 배경으로 포즈를 취해본다. 왕실 가족들의 후원답게 규모가 크고 곱게 물든 단풍의 물결에 휩싸인 이층 누마루집이 무게와 정취를 더해준다. 한가로운 향원정의 잉어 떼들 먹이 주는 앙증스런 꼬마들과 눈 맞춤하고 벤치에 앉아 물그림자를 바라본다. 궁궐의 아름다운 내면에 수많은 여인들의 눈물과 한이 배어 있을 몇 세기 세월의 더께가 파문을 일으키는 듯하다.

향원정 뒤쪽으로 명성황후 시해지 앞에서 차마 말을 잊었다. 그림을 보고 전율도 아랑곳 않는 일본인 관광객은 무슨 생각을 하고 있을까. 근정전을 가로막고 섰던 조선총독부도 자취를 감추고 그 자리에 홍례문 복원 공사가 한창이다..

지난 근정전 상량식上梁式에 국내의 유명 인사가 다 참석했는데 실제로 기둥 재목하나 서까래 하나 전국 깊은 산을 찾아 고르고 다듬어 깎는 장인을 초청하지 않은 사실이 어느 기자의 인터뷰를 통해 알려졌다고 동생이 일러주었다. 나도 공감을 한다. 직업에 귀천貴賤이 있었던 옛 사회에서도 사원이나 궁궐 같은 중요한 건물을 짓는 장인匠人의 평가를 높이 했는데 참 안타까운 현실이다.

대궐을 둘러보면서 전문성으로 알 수 없지만 참 많은 문門이 있구나 하는 생각을 하게 된다. 특히 그 많은 문의 이름이 모두 방향과 계절에 맞춰 동쪽으로 낸 문은 봄을 따서 건춘문 또는 서쪽의 문을 영추문이라 가을을 상징하는 건물배치등도 다양한 뜻을 내포하는 것 같다.

역사적인 수난과 영욕榮辱. 정성과 혼魂이 살아 숨 쉬는 문화유산. 고풍스런 분위기에 젖어 마음껏 상상의 나래를 펴고 돌아본 하루다. 정도전이 시경에서 따 이름 지었다는 경복景福처럼 길이 길이 복되기를. 대궐마당 가득 가을이 영글고 용마루 추녀마다 햇살이 눈부시다.

히로시마의 눈물

일본의 큰아버지로 부터 초청을 받았다. 몇 번 다녀가신 큰아버지 내외분과는 친숙하지만 언어 소통이 불편한 사촌 형제들을 난생 처음 만난다고 생각하니 마음이 설레었다.

큰댁은 히로시마 시내 조용한 주택가에 있었는데 분가하여 살고 있는 사촌형제들이 가족을 동반하고 긴 다다미방에 모두 모였다. 방문 위의 높은 벽에는 조부모님 사진이 나란히 걸려, 같은 자손들이 반세기만에 모인 자리를 환영해 주시는 것 같았다. 피는 물보다 진한 때문일까 유창한 큰어머니의 통역이 있었지만 눈빛, 표정만으로도 우리는 금세 어우러졌다.

7남매 중 2남인 아버지는 소학교 때 할아버지를 따라 대가족이 히로시마에 이주移住하셨다. 그 곳 상업학교를 졸업하고 경성(서울)에 직장을 얻어 단신으로 귀국하셨는데 몇 달 만에 해방을 맞은 아버지의 운명은 이산離散의 아픔으로 이어졌다. 나라를 찾은 우리 민족의 감격은 컸으나 개인적으로 부모 형제와 하루아침 내왕 할 수 없는 기막힌 현실이었다. 고향 쪽 어른들의 권유로 가정을 이루어 외로움을 달랬지만 부모님 생전에 뵙기를 꿈결에도 소원 하셨다. 그 후 20년 만에 고대하던 한일국교 정상화로 동경 올림픽 때 초청되어 극적인 해후를 하여 그 한을 풀었다. 그러나 이제는 조부모님도 부모님도 이 세상분이 아니다.

우리는 제일 먼저 조부모님 산소에 성묘를 갔다. 할머니 돌아가신 후에 할아버지는 병든 노구를 이끌고 생전에 며느리와 손자들을 보겠다며 처음 고국에 오셨다. 무리한 탓에 지병이 악화되어 급한 수혈이 필요했다. 같은 혈액형인 나의 헌혈로 위기를 모면 하셨지만 얼마 못사시고 부음訃音을 들었다. 한창 약동하던 나의 피가(스무살의) 할아버지의 혈관을 돌아 발그레 홍조를 띠던 순간을 떠올리며 나는 꽃다발을 올렸다.

큰아버지는 가슴에 깊은 상처를 안고 사시는 원폭 피해자다. 1945년 8월 6일 히로시마에 투하한 원자폭탄은 삽시간에 폐허로 휩쓸었다고 한다. 일을 나갔다가 쓰러져 기어 오셨는데 무더운 날씨에 구더기가 생겨 치료에 어려움이 많았다고 회고 하시는 입가에 경련이 일어났다. 대가족을 부양 할 가장이 당한 참화가 몰고 온 집안사정이 어떠했을까 짐작이 가고 남는다.

큰아버지와 평화공원에 가려고 거리로 나선 날은 날씨도 화창했다. 전차 종점에 세워 놓은 수많은 자전거를 지키는 사람이 없다는데 놀라웠다. 대중교통 수단으로 건재하고 있는 전차를 타고 신기하기도 했다.

시내 교통의 중심지에 조성된 평화 공원에는 돔형 식 건물의 앙상한 골조만 남은 '산업 장려관' 잔해 '원폭 돔'이 보존되어 있었다. 평화공원 중심지에는 평화기념 자료관이 있어 당시의 증거물들이 사진으로 , 또는 실물로 전시되어 있었다. 인명은 물론 지상의 모든 것을 앗아갔다는 '검은 비'와 죽음의 재가 쏟아졌던 거대한 '버섯구름' 사진에는 투하 후 1시간 미군 촬영이라고 씌어 있었다. 8시30분에 멈춰 있는 손목시계는 비극의 시각을 알렸고 다음날 8월 7일의 코너엔 전쟁이 몰고 온 참담한 상흔들과 그 당시의 자료들이 여러 형태로 전시된 전시관을 둘러보며 수많은 사상자와 파괴의 흔적들이 나를 전율케 했다.

희생의 순간까지 꼭 붙들고 있는 모녀. 입고 있던 옷의 문양이 그대로 화인 되어 있는 어깨와 등허리의 처절한 모습. 살점이 떨어져간 순간의 생생함은 다시 한 번 원자폭탄 위력을 상기시켰다.

화사한 봄 햇살에 반짝거리는 벚나무들이 눈부신 공원 숲에는 유치원 아이들의 비둘기 떼와 어울려 그림 그리는 모습이 보였다. 그들은 흡사 역사의 현장에서 전쟁의 상처를 지우고 평화를 곱게 채색하러 온 천사들의 풍경이었다.

공원 안에는 각국의 희생자 위령탑이 각양의 조형물로 세워져 오색의 종이학이 헤아릴 수 없는 무리가 되어 꽃다발에 묻혀 있었다. 그러나 희생자가 많았던 우리나라 위령탑은 공원 바깥에 외로이 서 있었다. 민단과 조총련의 통일 된 이름을 갖지 못하여 그렇다는 슬픈 이야기다. 남북 분단의 서러움도 클진대 타국에서 까지 민족의 이념 노선으로 갈등하고 있는 데 가슴 아팠다.

시신과 피로 물들었던 공원 앞 상생교가 있는 냇가엔 유유히 보트가 떠 있고 이제는 전쟁의 상흔을 지우듯이 신흥도시의 질서 정연한 모습을 보이고 있었다. 히로시마에 머무는 동안 사촌 형제들이 돌아가며 나를 데려갔다. 지진과 습도를 우려한 때문인지 주거 형태는 대부분 단독 이층의 목조 가옥이었다.

어느 날 둘째 동생이 저녁 초대를 했는데, 그 올케는 유일하게 조총련계 교포2세다. 한국식 음식도 맛이 있었지만 우리말을 능숙하게 구사 해 더 없는 애정을 느꼈다. 반공의식에 의한 나의 선입견이 부끄러웠다. 우리 것을 아끼고 모국어를 사랑하는 그녀를 보고 뿌리교육의 차이를 엿 볼 수가 있었다.

유태인들은 나라 없이 각국에 흩어져 살아가는 동안 오랜 세월에도 어머니의 품속에서 아기 때부터 남몰래 모국어를 계승시켜 나갔다고 한다. 하물며 내왕이 가장 빈번한 이웃 나라에 살면서 한마디 우리말을 모르는 거류민단 교포2세인 식구들이 안타깝게 보였다.

고희를 넘기신 큰아버지는 피폭자 연금과 국민연금으로 생활에는 어려움이 없다고 하신다. 그러나 틈틈이 일을 나가시는 노부부의 근검절약 정신과 타국에서의 여생에 나도 모를 연민의 한숨이 나왔다. 기계처럼 바삐 움직이는 경제 활동에 자극이 된 것일까. 몇 군데 관광을 마치고 가라는 만류를 뿌리치고 불현 듯 돌아가고 싶은 충동을 느꼈다.

우리 가족의 회한과 그리움의 질긴 연緣이 얽힌 히로시마. 할아버지 할머니, 두 분의 고모님마저 묻힌 땅. 남은 혈육들이 살다가 그 흙으로 돌아갈 이역異域. 기내 상공에서 본 히로시마는 눈물과 한으로 떠오른 한 자락 섬이었다. 인간에게 가장 원초적인 피붙이를 갈라놓는 것은 참으로 가혹한 일이다. 지구촌 어디라도 길이 트인 세상인데 하루 속히 남북의 장벽을 허물어 이산가족의 한을 풀어 주었으면 하고 기원해 본다.

조국에서 가족 친지들과 부대끼고 어울려 뿌리를 내린다는 것은 얼마나 복된 삶인가. 돌아올 곳이 있다는 것, 나를 기다리는 가족이 있다는 행복감도 11일 만의 귀로에서 얻은 깨우침이다. 공항 출구에서 남편과 딸아이가 손을 흔들어 보였다.

꿈꾸는 연어

아침에 눈을 뜨면 남편은 어느새 뜰에 나가서 꽃들과 대화를 나누고 있다. 아파트. 그것도 20년이 지난 낡고 작은 시멘트 공간에 살면서 뜰이라고 하면 남들은 웃을지도 모르나 우리에겐 특히 남편에겐 더없이 소중한 자연 공간이다. 마침 우리가 사는 곳이 1층인데다 사이드에 위치한 곳이니 꽃밭의 평수를 가장 넓게 차지하고 있다. 공동체의 공간이라 오래 묵은 수목들만 전지를 해줄 뿐 꽃을 가꾸는 일은 자연스레 관심이 있는 사람의 손길을 필요로 한다.

이른 봄이 되면 남편의 작업은 바빠지기 시작한다. 메마른 땅에 묻어 둔 낙엽을 썩히느라 물주기를 열심히 하고 거름을 뿌리며 땅을 어루만져 준다. 땅은 답례라도 하듯 부스스 깨어나기 시작한다. 봄 햇살이 포근해지고 봄비도 내리면 지난해 품었던 씨앗들을 싹 틔우기 바쁘다. 덩달아 새로 뿌린 씨앗이 모습을 내민다. 여리고 파릇한 꽃모종이 개구쟁이 아이들 발길에 무참히 짓밟힐까 늘 파수병노릇 안간힘이다.

주변 환경이 시멘트가 아니면 아스팔트라, 땅의 수분이 증발하기 때문인지 척박하고 하루만 물을 주지 않으면 시들해진다. 이 때 부터 남편은 꽃밭에서 머무는 시간이 길어진다. 국화가 잎새의 자태를 드러내면 잎을 자르고 꺾꽂이를 시작 하면 물주기가 더욱 바쁘다. 나날이 푸르고 싱그러운 향이 가슴에 젖는다.

뜰에는 여러 지방의 식물들이 어우러져 있다. 밀양에서 온 꽃사과나무, 고모님 댁에서 온 나리꽃, 양산의 절에서 온 금낭화, 그리고 꽃동네의 작약, 모두 우리가 심어 가꾼 귀한 꽃들이다.

몇 년을 잘 키운 나리꽃대가 실하게 키 재기로 뽐내며 눈이 부시게 핀 꽃의 자태를 보고 장관이라며 가던 발길을 붙들곤 한다. 몇 년 전에 옮겨온 자귀나무는 이제 가지를 넓게 펼치고 꽃을 피우기 시작하였다. 아침이면 가늘게 쭉쭉 뻗은 잎이 하늘거리고 저녁이면 추운 듯 오므려진 식물의 개성이 신비롭다. 우리나라 산야 어디서나 볼 수 있는 수종이지만 뜰에 가장 좋은 자리를 차지하고 있을 만큼 사랑을 받는 나무다. 삼지구엽초란 야생의 약

초에서 가지 층층이 꽃 피워내는 오묘함이라니 그 생명력이 새삼 경이로울 뿐이다.

추억이 담긴 꽈리꽃, 그 봉지 같은 열매도 마냥 앙증스럽다. 뜰에서 남편의 모습은 가장 소박하고 청빈한 농부 같다. 식탁을 마련해 놓고 기다리다가 찾아 나가면 풀을 뽑거나 물주기에 여념이 없다.

남편은 직장생활을 할 때 하숙생이나 다름없는 사람이었다. 바쁘기도 했지만 집안 살림이나 개인적인 사소한 일에는 통관심이 없는 사람이다. 우리 세대의 직장인들이 다 그랬듯이 산업화의 물결이 한창 일어 설 때 참 바쁘게 생활했다. 격주로 쉬는 일요일에도 일에 밀려 비상이 걸리고 야간 잔업도 처리해야 하는 엔지니어의 일상이란 언제 한번 한가한 날이 올까 쉬고 싶은 마음이 간절했었다. 더구나 좋아하는 술의 후유증에 심신은 피로의 연속이었다.

언제부터였을까. 가만히 생각해 보면 직장에서 퇴직한 날이 꽤나 지난 듯싶다. 긴장이 풀려 무료한 심신을 추스르는 노력도 생활의 리듬을 찾는데도 시간이 필요했다. 좁은 주거 공간에서 흙을 만지는 여유로움을 어찌 바랄 수 있을까. 그나마 넓은 뜨락을 소유한 기분으로 식물들에게 쏟는 애정이 각별하다. 집을 비우는 때를 제외하고는 아무리 늦은 귀가에도 물을 뿌려 주는 일을 거르는 일이 없다. 꺾꽂이 실력이 늘어 장미나 동백나무 묘목도 많이 늘었다.

TV에서 연어의 일생을 보았다. 두 달 반 만에 태어난 연어 알은 80일의 성숙기를 거쳐 긴 여행을 떠난다. 우리나라의 남대천에서 대양을 향해 멀고 험한 긴 장정을 떠나는 연어는 치열한 먹이 사슬에서 견디고 이겨내야 살아 돌아 올 수 있다. 3-4년 만에 무려 3000배의 무게를 늘린 연어의 귀향은 인간의 모성을 가장 많이 닮았다고 한다. 1.5%의 회귀율이지만 북태평양에서 수 만 리길을 찾아오는 과정은 눈물겨운 역전의 용사라고 할까. 모천에서 알을 낳기 위해 죽음을 불사하고 돌아오는 연어는 후각으로 모천의 냄새를 맡는다고 하니 가히 놀라지 않을 수 없었다.

알에서 깨어난 새끼연어는 최후를 맞은 어미의 부식물과 프랑크톤을 먹고 자라는데 5만년동안 북태평양의 정신이라 불리고 있다. 자연계의 신비를 보면서 인간의 본성과 너무 닮은 그들을 우리 환경이 얼마나 보존해 줄까 많은 생각을 갖게 했다. 낙동강 밀양천에도 30년 전에는 연어가 돌아왔다는데 오염이 되고 하구둑이 서서 가로 막고 있는 오늘날에는 전설처럼 들린다.

사람 역시 귀소歸巢 본능이 있어서 나이 들면 고향으로 돌아가고 싶은 소망을 품고 살아간다. 금의환향錦衣還鄉 한다면 더 말할 나위가 없겠지만. 각박한 객지 생활에서 패잔병 같은 초라한 신세가 되어도 오직 돌아가고 싶은 곳은 고향의 품이다.

작년 봄에 심은 두 그루의 이팝나무 묘목이 잎새를 아주 건강하게 내밀고 있다. 올해 식목일에는 덩굴로 뻗어나는 능소화, 그리고 라일락을 심었다. 뿌리가 활착하여 옮긴 상처를 잘 이겨낸 그들을 지켜보는 그 뿌듯함은 생명체가 안겨주는 커다란 기쁨이다.

건조하고 삭막한 주거환경에 그나마 모란이 탐스럽게 벙그는 봄날의 기쁨과 봄여름 내내 가꾼 국화꽃이 향기로운 가을 뜨락을 채우는 기다림이 있기에……. 예사롭게 씨앗으로 자란 포도나무를 창가에 올렸는데 알알이 박힌 열매를 주저리 달게 된 포도송이를 바라보며 찬사를 보낼 때, 나는 그의 꿈을 엿보았다. 폐가廢家가 된 고향집을 새로 단장하고 텃밭을 일구어 채소를 가꾸며 축사畜舍를 손질하고 여물을 나누어 주는 환영이 보이는 듯 했다. 실개천과 별, 달, 태양을 감지하며 연어가 모천에 돌아갈 꿈을 꾸듯이 날마다 고향의 대지를 그리워한다. 여든을 넘기신 아버님은 도시의 문명에 익숙해진 때문일까. 시골 고향에서의 노후생활을 원치 않으신다.

뒤란의 대숲 바람과 어머니의 품속 같은 고향들판으로 달려가고 있는 그의 꿈은 황폐화되지 않으려는 마지막 몸부림인지도 모른다.

샤갈(chagall)을 만나던 날

올 한 해도 저물어 가고 있다. 헐벗은 가로수 옆 포도 위에 군상들의 걸음이 빨라지고 거리에서는 자선냄비 구세군 방울소리도 들리는 세모. 회색의 낮은 하늘이 잔뜩 찌푸려 한기에 마음까지 움츠려든다.

한 해를 보내는 마음이 공허하고 연 초에 뜻한 일들이 풀리지 않은 허망함이 답답하고 불안하다. 내 안에서 일어나는 소용돌이를 어떻게 하겠는가. 어디 가서 위로 받고 훌훌 털어버리고 싶어 거리를 배회하면서 불현듯 스쳐 지나가는 이름이 있었다. '샤갈' 며칠 전 버스를 타고 지나가는데 육교 위에 걸린 '색채의 마술사 샤갈' 전시회의 포스터가 눈에 들어왔다.

나는 급히 시립미술관을 향하여 버스에 올랐다. 마침 평일의 미술관은 조용했는데 간간이 단체 관람객에 섞여 해설을 들을 수 있는 좋은 기회도 가졌다. 마르크 샤갈은 러시아 태생의 유대인이다. 그는 75 년 동안 자서전적인 얘기를 그림으로 나타냈다. 전시회는 테마 별로 구성해서 우리의 이해를 돕고자 노력한 흔적을 볼 수 있었다. 러시아 시기(1910-1922) 파리 시기(1923-1941) 미국 망명 시기(1941-1948) 그리고 프랑스 정착기(1948-1985)로 구분되어 있다.

가장 주목을 받는 작품은 유대인 극장 연작시리즈로 (무용) (연극) (음악) (문학) 등으로 구성된 패널화, 1920년에 모스크바에 있는 유대인 극장의 벽화로 제작되었으나 스탈린의 집권으로 강제 철거된 이후 50년 동안 창고에 묻혀 있다가 80년대 말 처음 세상 밖으로 나오게 되어 샤갈의 예술적, 철학적 영감을 한눈에 볼 수 있는 불후의 명작이라니 과연 놀라울 뿐이다. 상상의 한계를 느낄 수 없는 날아다니는 연인들, 부부, 공중에 떠 있는 누드.

에펠탑 꼭대기의 자신을 나타낸 수탉의 모습이며, 파란 바탕의 붉고 강렬한 색채들은 참으로 독특하다고 할 수 있다.

성서 이야기로 구성된 그림에는 인간창조와 아담과 이브, 모세와 율법, 야곱의 꿈, 구약성서에서 발췌한 대형 유화작품이 눈길을 끌었고 신약성서에서 '십자가에 내려진 예수님'도 보였다.

오페라 하우스의 천장 그림은 당시 문화부 장관이었던 앙드레 말로가 부탁하여 그린 그림이라고 했다. 샤갈의 그림을 보면 사람을 행복하게 만든다고 했는데 그런 힘이 충분히 있다는 생각이 든다.

틀에 메이지 않는 상상력과 색채의 풍부함은 보는 사람의 마음을 맑게 풀어주는 매력이라고 할까. 작품을 통해 한 예술가의 일생과 삶의 자취가 고스란히 묻어나는 흔적을 볼 수 있었다.

세계 1차 대전 공산혁명(러시아) 당시에 그린 그림에서는 반발심이 짙게 깔린 분위기를 읽을 수 있었고 1938년대 나치의 유대인 탄압시기에는 '땅거미 질 무렵' 같은 어두운 그림을 1950년대 생활의 안정기에는 훨씬 밝아진 화풍으로 새들과 꽃, 그리고 연인들, 가축들을 그리는 일상에서 만나는 도시의 풍경을 담은 그림이 많았다. '강변에서의 부활' 이란 그림에서는 회화가 정신적 메시지를 전달할 수 있는 신념의 소신으로 그리스도의 형상이 인간고통의 범 우주적인 상징이라는 설명에 공감이 갔다.

인간적인 고통을 반영한 애기를 밖으로 안은 모습도 인상적이었고 샤갈의 「그림」 이라는 시에서 '나의 태양이 밤에도 빛날 수 있다면 나는 색채에 물들어 잠을 자겠네.' 라고 했다. 어느 미술평론가는 '샤갈의 그림은 색을 통해 이야기하고 색을 통해 삶을 이야기 하고 색을 통해 빛을 이야기 한다'고 평가한 것처럼 색채의 마술사는 그에게 알맞은 단어란 말에 이해가 간다.

그런가 하면 샤갈은 20세기 화가들 가운데 가장 많은 사랑을 받았으면서도 제대로 이해되지 못한 화가란 평가도 있다. 20세기 미술에서 가장 독창적이고 상상력이 풍부한 화가의 한사람인 샤갈은 1910년대 파리 체류를 통해 야수주의의 강렬한 색채와 입체주의의 새로운 공간 개념에 영향을 받았다고 한다.

나는 그림에는 문외한이다. 오늘같이 가슴이 답답하고 우울할 때 약속한 동행이 없이도 호젓이 찾아 와 세기의 화가, 그의 생애를 만나 감상할 수 있는 기회를 갖는다는 것은 큰 축복이라는 생각이 든다. 98세의 생애는 예술가들 중 아주 장수한 편에 속한다. 아마 긍정적이고 낭만적인 샤갈의 자유분방한 천성도 한몫 했으리란 생각을 해본다.

오랜 삶을 통해 경험한 수많은 얼굴들을 마치 그림일기 써 내려가듯 표현함으로써 생의 기쁨과 평화의 메시지를 전하고자 노력한 작가라는 말에 그저 고개가 끄덕여진다. 우리네 인생에서 삶과 예술에 의미를 주는 단 하나의 색은 바로 사랑의 색이라고 말한 샤갈. 강렬한 색채가 사로잡는 힘은 그림 속에 투영된 그런 매력 때문인지 모른다.

샤갈이 아무리 천재적인 재주를 가졌다 하더라도 삶의 굴곡진 역경이 없었다면 그렇게 다양한 주제로 자기만의 독창적인 그림을 그릴 수 있었을까. 인생에서 만나는 고난 뒤에는 대가를 치른 값진 또 다른 보상이 기다리고 있을 것이다. 한 개인의 삶, 애환을 뛰어 넘어 승화 시킨 그림 이야기가 춥고 답답하던 가슴을 녹여주고 어루만져 주는 위대한 힘이 있다는 걸 느꼈다. 밤을 꼬박 지새우며 감명 깊은 책속에 매료되어 오래도록 그 여운이 가시지 않는 행복한 시간은 드물지 않게 경험하는 일이다.

지나간 날들에 대한 후회나 아쉬움 보다는 다가오는 날의 기대와 희망을 갖고 힘차게 도약하는 새해를 맞이해야겠다. 열정과 사랑의 물감이 나에게도 번져 글쓰기에 몰입하는 치열한 투혼, 그 에너지가 충전되었으면….

샤갈을 만나는 그 순간들은 나에게 경이로움과 행복감을 안겨준 것은 물론 '인생은 짧고 예술은 길다'는 명언을 되새기게 하는 하루였다.

사랑하기 때문에

아이가 초등학교 다닐 때니까 벌써 오래전의 일이다. 아파트로 이사해서 짐 정리를 하는데 아들의 방에서 카세트테이프 하나가 나왔다. 표지에 회심곡이라는 타이틀이 의아해서 틀어보니 이게 웬일인가 뜻밖에도 아버님의 위엄하신 목소리가 생생하게 울려 퍼졌다.

"이 세상에 단 하나밖에 없는 사랑하는 나의 손자 지형아!" 로 시작된 어쩌면 결연한 의지를 표명 하시려는 듯 사뭇 분위기가 엄숙하여 놀라웠다. 내용은 할아버지가 손자에게 인간의 근본을 지키고 가문을 잘 계승시켜 나가기를 간곡하게 당부하는 말씀을 두고두고 명심하고 지키라고 하셨다.

첫째, 효도하여야 한다. 강력한 언급에 당위성과 내용을 세부적으로 짚어 가며 설명하셨다

둘째, 셋째…… 일곱 번째까지 제목과 부연 설명을 조목조목 말씀하시니 시간이 꽤 걸리는 준비를 하신 것 같았다. 평소에도 가훈에 대한 소신을 늘 듣던 터라 새삼스러운 내용이 아니지만 유언을 하시는 것처럼 녹음하신데 대한 놀라움도 있고 쿡 웃음이 나기도 했다.

학교에서 돌아온 어느 날, 아이가 가훈 이야기를 하였다. 수업 시간에 선생님께서 자기 집 가훈이 있는 사람은 발표 해 보라고 하셔서 손을 들었는데 해 놓고 봐도 너무 길고 많다는 것이었다. 나 역시 어른의 뜻을 거역할 수 없지만 같은 생각을 했기 때문에 이해가 되있다. 한두 가지 집약적으로 지킬 수 있도록 했으면 좋겠는데 근면. 검약. 화목. 성실. 정직 등 참 많이도 제정하셨다. 자손 사랑하는 어른의 깊은 뜻을 아는 것일까 아이는 녹음테이프를 잘 간수하고 있었다.

같은 시내에 살면서 우리는 분가해서 살고 있기 때문에 아이들이 할아버지와 자주 만나 뵙지 못한다. 특히 고등학교까지는 입시공부 때문에 학교생활에 얽매여 시간을 낼 수 없는 실정이다. 대학에 들어가면서 시간이 나면 가끔 할아버지와 식사도 하고 대화도 하면서 친숙을 가지는 시간을 가졌다. 장성하여 어엿

한 청년이 된 손자를 대견해 하면서도 늘 가르침의 말씀을 늦추지 않으셨다.

어느 날. 편지함에서 편지를 꺼내면서 발신자가 아버님의 존함으로 된 편지가 한통 있어서 이상한 생각이 들었다. 무슨 일이 있으면 전화를 하시거나 직접 호출을 하실 텐데 조손간에 남다른 사연이 있어 그러실까 몹시 궁금하였다. 편지를 보내시기는 처음 있는 일이기 때문이다. 그러나 아무리 가족 간 이지만 편지를 개봉하는 것은 예의가 아니라서 아들이 귀가하기를 기다렸다.

할아버지 편지를 받아든 아들은 고개를 갸우뚱 하면서 내용을 읽어가더니 얼굴이 약간 상기된 듯 하였다. 마냥 궁금했던 나는 무슨 일로 편지 하셨는지 자꾸 물었지만 묵묵부답 표정을 짓지 않았다. 할아버지께서 몰래 숨겨둔 땅 덩어리라도 물려주시려는 유언이라도 하신 거냐고 농담으로 묻는 나의 말에도 쓴웃음만 지으며 손자를 사랑하는 내용이라고만 말했다.

며칠 후 아들의 책상위에 그냥 얹어둔 편지를 발견했다. 서랍이나 책속에 감추어두지 않은 걸로 보아 별 대단한 내용은 아니구나 생각하고 편지를 읽어 보았다. 손자를 몹시 걱정하시는 할아버지의 꾸짖는 말씀이 물 흐르듯이 써내려간 내용은 얼굴을 후끈하게 했다. 할아버지 좋다고 얼굴을 부비고 끌어안기도 한 아이의 모습이 글을 읽으며 떠올랐다. 그때 할아버지가 기다리던 손자가 아니고 지독한 악취와 기분을 망치는 지저분한 낯설고 형편없는 부랑아가 아닌가 하는 내용이었다. 담배를 피운다면 끊도록 하고 언제나 청결한 몸가짐을 할 것이며 앞으로 사회생활에 대인관계를 할 희망이 창창한 사람으로서의 손자 걱정을 많이 하시는 격앙된 목소리를 듣는 듯 했다.

할아버지는 직장생활을 하실 때 부득이한 술자리로 냄새가 많이 날 때는 어려운 경제에서도 대중교통을 이용하지 않고 택시를 탄 이야기며 남에게 혐오감을 주거나 폐를 끼치는 행위를 해서는 안 된다고 역설하셨다. 짐작하기에는 한창 신입생들의 자리가 많아지고 음주를 하는 횟수가 늘어나면서 잘 씻지 않고 옷도 자주 갈아입지 않은 채 재롱을 부린다고 한 행동을 꾸짖을 것이라고 생각을 못했을 것이다.

철없는 손자의 행위가 못마땅하신 나머지 어떻게 교화를 시킬까 고민하신 흔적을 엿볼 수 있었다. 꾸짖음 속에 들어있는 조부의 아낌없는 사랑을 아들은 아는 것일까. 일언반구 편지에 대한 반응이나 표현을 하지 않은 그 후에도 편지를 치우지 않고 책상위에 놓아두고 있었다. 그리고 차츰 몸가짐을 청결하게 하는 습관으로 노력하는 것 같았다.

아버님께서는 외아들에 하나밖에 없는 당신의 손자가 행실이 미울망정 면전에서 질책하기에는 너무 힘이 들어서 편지로 대신하신 것 같다. 혹여 살아가는데 반듯하지 못한 사람으로 낙인 찍히는 게 아닐까 .어른의 고민하신 흔적과 사랑을 충분히 헤아릴 것 같았다. 당신 자녀를 키우실 때 누구하나 무릎위에 앉혀보지 않으신 엄격한 분이지만 손자에게는 사랑과 관용이 한없는 할아버지. 한 지붕 아래 부모라는 사람이 같이 거주하면서 자식을 가르치지 못한 죄책감에 얼굴이 뜨거웠다.

개인주의가 팽배해진 오늘의 우리 사회는 어른이 존재하지 않은 사회가 되었다. 사람다운 행동이 아니고 도덕에 어긋난 행동으로 거침없이 휘둘러도 자기 본인에게 위해가 아니면 누구 하나 관심을 갖지도 않는다. 지하철 안에서 또는 길거리에서도 오히려 피할 뿐 아무도 나서지 않는다. 하물며 체력이 약한 노인임에야 어찌 나설 수 있을까. 의협심이나 정의감이 있어도 선뜻 나서기에는 보상은커녕 치명적인 피해를 입을 수도 있는 무서운 세상이 되었다.

우리가 자랄 때만해도 부모에게 잘못하거나 나쁜 행실을 하면 동네에서 여론이 돌고 나이 드신 어른들이 불러서 야단을 치는 동네매 같은 역할이 있었다. 그래서 고쳐지지 않으면 사람 이하의 동물처럼 인격을 상실한 몹쓸 사람으로 낙인이 찍혀 동네를 뜨는 경우가 있기도 했다.

사람의 인격은 어릴 때부터 형성되기 시작하여 성숙하기 까지 많은 과정을 거친다. 될성부른 나무는 떡잎부터 알아본다는 속담처럼 어릴 때부터 다른 큰 재목감이 있긴 하지만 근본적인 사람됨은 순간순간 바른 가르침이 있어야 된다고 본다. 그러므로 어른의 행동 하나하나가 아이들의 본이 되고 모범을 보일 때 아이들의 미래가 약속 되는 건 뻔한 사실이다. 생각해 보면 아버님께 그런 심려를 끼쳐드린 일도 모두 우리 내외의 탓이니 무어라 변명을 하거나 편지의 사실을 아는 척 할 수가 없었다.

요즘 아이들에게 공부만 잘해주면 그것으로 효도한다고 생각할 뿐 더 이상 어떤 요구나 지적을 하지 않는 우리네 부모의 실정이 안타깝다. 누구 할 것 없이 온실속의 여린 식물처럼 과보호 속에서 자라는 아이들을 나무라거나 간섭하면 잔소리꾼으로 내몰리고 인심을 잃고 마는 사람이 된다.

우리가정은 우여곡절과 파란을 많이 겪은 탓으로 절약하고 검소한 생활에는 어느 정도 적응이 되었다고 생각한다. 그런데 어른의 눈에 비치는 남루한 행동은 든든한 종손이 아니라 기본적인 예의도 모르는 사람이나 되지 않을까 하는 기우를 갖게 했으니 부끄럽기도 했다. 내일을 짊어지고 갈 2세들을 잘 키우는 것은 기성세대의 막중한 책임이다. 각 가정마다 건강하고 올바른 교육을 실천한다면 밝고 건전한 내일은 약속될 것이다.

나는 아버님의 편지를 정중하게 챙겨 넣고 나를 돌아본다. 비록 일시적으로 질책과 꾸지람이 따갑고 노여울지 몰라도 우리 곁에 어른이 계시다는 것, 지켜봐 주시는 분이 생존하신다는 사실만으로 복된 일이 아닌가 하는 생각이 들었다. 이제 그 손자도 체격이 우람한 청년이 되었고 목청 높이 호령하시던 할아버지의 기운도 달라지셨다.

내리사랑. 부모가 되고 조부모가 되면 걱정은 더욱 비례하여 마음 놓고 살기 어려운 복잡 다변한 세상에서 우리는 살고 있다. 재해 같은 예기치 못한 사고들이 항상 도처에 도사리고 있는 현대에서 바쁘게 움직이는 생활이고 보면 연세가 드신 어른들은 더욱 그렇다. 물질적으로 풍요롭게 어른을 모시는 일 못지않게 마음을 편하게 믿음을 드리는 일이야말로 공경의 자세가 아닐까 하는 생각이 든다. 사랑이 바탕에 깔려있는 채찍이라면 그 아픔이야 차라리 아름다운 자국으로 각인 되리라.

하루가 다르게 장정으로 성숙해 가는 아들을 바라보며 건장한 육체처럼 그 정신도 단단하고 아름다운 품성을 지녔으면 하는 바램을 가져본다. 손자를 진정으로 아끼고 사랑하기 때문에 한 구절 한 문장 힘주어 질책한 할아버지의 고뇌를 가슴 깊이 새겼으면 한다. 비록 큰 인물이 되지 못한다 하더라도 올바른 가치관을 갖고 사회의 한 부분에서 열심히 일하며 가족과 이웃을 사랑하고 늘 꿈을 키울 줄 아는 사람이길…….

어른이 계시는 사회는 뿌리가 건강하게 뻗어갈 수 있는 기름진 토양이 보장되는 환경 같은 것이 아닐까. 무엇보다 나 자신부터 자녀들에게 거울이 되어야 하는 사실을 뒤늦게 깨닫는다.

쓰시마 이즈하라에서

부산에서 가까운 대마도 관광을 위해 씨 플라워를 타고 히타카츠 국제여객터미널에 도착했다. 일본 관광을 따로 가겠다며 볼거리가 없는 곳에 가지 않겠다는 남편을 설득해서 떠난 뱃길이라 슬그머니 걱정이 앞섰다. 날씨가 맑은 날은 태종대의 전망대에서도 보이던 곳인데 배 멀미로 고생하는 사람들이 많았다.

우리 한반도와 문물 교류가 많았던 곳으로 역사적인 탐방이 될 것이라 기대하고 전용버스를 타고 제일 먼저 한국 전망대에 올랐다. 어슴푸레 부산항이 보이는 가까운 곳이다.

한국전망대 앞에 서 있는 '조선국역관사 조난추도비'의 설명을 듣고 전율이 느껴졌다. 산과 어우러진 저 물빛고운 아름다운 바다가 우리 민족의 수많은 인명을 앗아간 역사, 그 흔적을 남겼으니 아픈 상처만이 출렁이는 풍광으로 다가왔다.

미우다 해수욕장의 잔잔하고 맑은 바닷가, 모래톱도 밟아 보며 공기가 아주 청정하다는 첫 느낌이 인상적이다. 그 이유가 이 섬의 93퍼센트가 숲이라는데 있었다. 울창한 원시림을 끼고 난 배후 도로를 끝없이 가도 울창한 숲이요 또 숲이다. 필요한 최소한의 도로만 있을 뿐 따로 훼손하거나 개발한 모습이 보이지 않는다. 자동차끼리 비켜가기도 힘든 폭이 좁은 도로를 아슬아슬하게 잘도 달린다.

몇 군데의 역사 유적을 돌아보고 이즈하라 시내 관광에 들어섰다. 시내 곳곳에서 간판이며 부딪히는 사람은 한국 사람이고 정작 이곳 사람들은 보기가 힘들 정도이다. 시내를 관통하는 개천에는 물고기들이 지천으로 노닐고 복어새끼들이 줄지어 헤엄치는데 그 물 맑기가 하도 투명해서 한참을 내려다보고 감탄을 했다.

조선 통신사의 행렬이 묵었다는 고려문, 조선 통신사 기념비와, 최익현선생 기념비를 돌아보고 금석 성터의 이왕가 결혼기념비 앞에 섰다.

넓은 잔디밭과 어우러진 수목을 거느리고 선 뜰에 이왕가종백작가어봉축기념비가 서 있다. 덕혜옹주와 쓰시마 사람 쇼오다케유키와의 결혼을 기념하기 위하여 쓰시마에 거주하는 한국인들이 건립했다고 한다.

나는 TV '역사스페셜'에서 조명한 덕혜옹주를 떠올렸다. 고종이 환갑에 얻은 덕혜옹주를 안고 덕수궁에 기쁨이 넘치게 하는 꽃이라고 좋아한 조선의 마지막 왕녀. 왕실의 마스코트 같은 존재였던 덕혜옹주였다. 궁인 양씨 사이에 태어났다는 이유였을까. 왕족으로 인정하지 않으려는 일본의 관심과 경계로 유학 명령을 받은 덕혜옹주, 열네 살 어린 나이였으니 눈물겨운 외로움이 오죽했을까.

일본의 일출 소학교 시절, 독살의 공포에서 늘 보온병을 들고 다녔다는 그녀는 성장기의 가족관계에서 생길 수 있는 병을 그때 이미 예고하고 있었는지 모른다. 1931년 5월 결국 쓰시마의 도주 쇼오 다케유키백작과의 순 일본식 혼례를 강제로 올리게 되었다. 쓰시마 시댁 방문 때는 병적인 웃음과 행동을 보였으며 이듬해 딸을 낳았으나 이미 조발성 치매증이라는 정신분열증을 앓고 있었다.

일본의 패망이후 평민으로 돌아간 남편은 덕혜옹주를 정신병원에 두고 이혼하여 새로운 아내와 결혼을 하였으니 그의 딸 마사에도 24살의 나이에 자살하고 마는 비운을 맞았다. 생모(궁인양씨)가 타계해도 상복을 입지 못하게 하는 망국의 설움을 달랠 길 없었던 덕혜옹주. 병이 깊어진 말년에나마 왕실에서 정혼 하려던 사람의 형인 김을한 이라는 분의 노력으로 찾은 덕혜옹주, 15년의 병원 생활을 한 후에 이루어진 귀국은 38년만이었다. 고국 땅을 밟은 덕혜옹주의 노후, 창덕궁 낙선재에서 옛 유모와 살게 되었는데 15년의 세월이 흐른 후에 일본인 남편 쇼오다케유키가 찾아왔었다고 한다.

병마와 파란 만장한 대한제국의 불운했던 한 시대의 삶을 마감한 그녀는 1989년 77세의 나이로 별세한 비운의 마지막 왕녀이다. 나라 잃은 설움을 가족마저 단절시킨 왕녀이기 이전에 여리고 예민한 소녀시절, 그 일생의 흔적이 여기에도 남아 있는 서글픈 운명을 엿보았다. 그래도 해방된 조국은 그녀를 버리지 않아서 남양주 아버지의 무덤 뒤편에 묻혔다고 한다. 이곳 출신의 남자를 지아비로 맞이한 한 많은 여인의 그림자가 드리워진 뜰을 공원화 하여 기념비를 세웠으니 그 영혼이라도 위로해 주고 싶다.

이즈하라는 인구가 1600명 정도의 작은 항구다. 이곳을 돌아보면서 아무리 돌아보아도 우리나라에 속하는 섬이면 알맞겠다는 생각을 하게 된다. 일본의 본토와는 너무 동떨어져 있고 우리 부산과는 아주 가까운 지형이나 기후, 생활 풍습도 별반 다르지 않은 것 같다. 주민들의 생활은 검소하고 간결한 모습에 사람들의 내왕도 잦지 않고 조용하며 깨끗한 분위기다.

낮은 담장 사이로 꽃을 아기자기 가꾸어 지나는 길손들을 기쁘게 해주는 그들에게 정감이 느껴진다고 할까. 호텔이라는 이름이 무색한 좁디좁은 숙소에서 우리 일행들은 달빛의 유혹에 이끌려 밤거리를 나섰다.

휘영청 밝은 달빛이 더없이 포근하고 깨끗해서 조용한 마을 한 복판이 대낮같이 밝고 조용하다. 값싼 가격으로 전복을 먹을 수 있다기에 초장까지 준비했는데 계획은 무산되고 한국인 식당에서 우리 가요를 틀어놓고 반겨주는 주인의 호의에 만장일치로 생선회 잔치를 벌였다. 한국 관광객이 주류를 이루는 이곳에서 뿌리 내리고 한국인을 맞이하려는 그들의 끈질긴 상혼을 엿보는 기회도 가졌다. 가격도 비싸지 않고 신선해서 여정의 입맛을 돋우고 남정네들의 소주 파티는 여흥을 즐기기에 충분한 밤을 보냈다.

쓰시마에서는 매년 8월이면 '쓰시마 아리랑마쯔리' 축제로 조선 통신사의 행렬이 재현되고 있다고 한다. 대마도는 우리 역사의 자취를 더듬어 볼 수 있고 부산과는 가장 가까운 천혜의 자연이 잘 보존된 섬이다. 초여름 강렬한 태양과 짧은 일정으로 산행계획을 이루지 못한 아쉬움이 남지만 어울리기만 해도 한껏 즐거워지는, 친한 지인들과 함께 한 여정에 큰 의미를 두고 싶다.

겨울 태백산

휴일이면 근교 산행을 같이 하는 친구 부부와 함께 산악회 팀에 합류하여 태백산을 향했다. 12월31일 밤. 무박으로 밤을 새우는 장거리 산행 길에 나서기는 처음이다. 사방은 아직 캄캄한 엄동설한, 밤이 야심한데 사람들 기척이 왁자하다. 전국에서 몰려온 등산객들로 정류장이 초만원, 잠시 눈을 붙일 시간도 없이 장비를 챙기느라 차안이 부산하다. 아이젠을 착용하고 전등을 준비하여 길바닥에 내려서는데 꽁꽁 언 빙판길이 만만치 않다.

유일사쪽에서 출발하는 코스로 온 산 가득 인파의 행렬이다. 주변을 살필 겨를도 없이 하얗게 눈 쌓인 산길을 앞 사람의 발길만 좇아 부지런히 오른다. 한참을 오르는데 산길이 정체가 되어 도무지 속도가 나지 않아 서로 앞서 가려고 질서가 뒤엉키는 혼란이 이 새벽에 보는 진풍경이다. 가도 가도 은백색의 천지, 눈에 덮인 산등성을 사각사각 소리 내며 오르는 발길이 축복의 자국을 찍어 내는 듯하다.

어둠이 걷히지 않은 시간, 백설에 반사된 사람들과 부딪치고 눈꽃들과 마주치면서 두 시간쯤 올랐을까. 서서히 어둠을 걷어 내는 여명이 다가왔다. 민족의 영산靈山이라는 태백산의 위용이 드러나고 드디어 장군봉(1556m)이 눈앞에 가까웠다. 사방 천지로 순백의 성역! 눈사태가 이런 것일까. 헐벗은 겨울나무가 아니라 눈꽃이 만발 하였다.

예상했던 것보다 오르는 길이 완만하고 눈을 밟고 걷는 기분이 짜릿하다. 겨울 내내 눈이 쌓여서 큰 태太자에 흰 백白자를 따서 지었을까? 산의 웅장함도 하얀 눈옷을 입고 누웠으니 그 부드러움이 영 딴판이다. 아이젠에 밟히는 눈의 감촉 때문에 찬 공기에 몰아쉬는 소리도 힘겨운 줄 몰랐다.

그런데 문제는 정상에 오른 후였다. 시간으로 보면 삼십여 분 이상 있어야 해가 뜨겠는데, 그때까지 서 있어야 하기 때문이다. 혹여 일출 시간을 놓칠 새라 바짝 긴장하며 올라왔으니 서서 기다리는 시간이 추위와 싸워야 하는 시간이다. 눈바람속의 산 정상 기온에 목도리를 겹으로 두르고, 마스크와 털 두꺼운 장갑으로 무장하여 견딜만한데 발이 꽁꽁 살을 에는 듯 시려왔다.

천재단 주변으로부터 동해를 향하여 운집한 인파가 많이도 몰렸다. 태백 준령은 과연 우리나라 산맥의 어머니답다고 할까. 사방으로 돌아봐도 첩첩이 무수한 산을 거느리고 있다.

시야가 확 트인 쾌청한 날씨가 행운이라 생각하며 눈이 시리도록 동해를 바라보고 있는데 그 울림이 사뭇 다른 변화가 일고 있다. 흡사 아기를 잉태한 산모가 태동을 하듯 수평선에 맞닿은 하늘을 붉은색 옅은 물을 들이고 있다. 2001년, 새롭게 일세기를 알리는 희망을 안고 태어날 진통을 하는 것일까. 사람들이 숨소리도 죽이고 기氣를 모아 두 손을 합장하고 있다.

드디어 수평선이 가늘게 빨간 선을 긋기 시작했다. 어쩌면 바다는 저 출산의 신음을 하고 있는지도 모른다. 빠끔히 머리를 내보이는가 싶더니 불덩이 하나를 힘차게 밀어 올렸다. 장관을 연출하는 순간 약속이라도 한 듯이 박수가 터져 나오고 새로운 역사가 시작되는 새해 첫날의 의식을 치르고 있었다. 무엇을 소망했을까. 사람마다 원願을 하는 색깔이 다르겠지만 산을 오르면서 욕심을 버리라는 자연의 가르침을 되새겨본다.

개천절에 단군 신제를 올리는 천재단을 뒤로 하고 하산 길에 들어섰다. 새벽 산행을 하느라 죽어서 천년 살아서 천년이라는 천연기념물 주목을 보지 못한 아쉬움이 남는다. 문수봉을 거치지 않고 망경사 쪽으로 해서 당골로 내려가는 코스다.

아예 비닐포대로 신나게 엉덩이 썰매를 타면서 하산하는 사람들. 부딪쳐 다칠까봐 경계하며 걷노라니 단종비각이 눈의 무게를 이고 외롭게 서 있다. 어린 나이에 영월 청령포에서 유명을 달리한 단종의 넋이라도 위로하고 싶다.

눈길을 한없이 걸으며 생각해 보니 눈을 맞거나 겨울답게 눈을 감상해본 지가 까마득한 옛날처럼 느껴진다. 눈 내리는 산골의 고즈넉한 밤, 간밤에 내려앉은 눈이 아침에 눈을 뜨고 보면 초가지붕에도 마당에도 하얗게 쌓여 있어서 좋아라고 눈사람 만들던 때의 아름다운 추억만이 남았다. 아마 눈이 자주 내리지 않는 부산에 살기 때문이리라. 당골 광장에 내려오니 눈꽃 축제가 우리의 촬영 세트장이 되어 잠시나마 동심의 세계로 돌아가게 한다.

산을 오를 때마다 극기와 인내가 필요한 우리네 인생길을 음미해 본다. 한 발 한 걸음이 소중한 것처럼 올 한 해도 성실한 발걸음으로 건강한 길을 걸어야겠다. 동행한 우리 네 사람의 가슴속에 우정처럼 찍힌 하얀 발자국은 오래도록 남으리라. 설화雪花가 유혹하는 태백산, 그 정기에 흠신 빠져드는 맛은 겨울 태백산이 안겨주는 환상적인 매력 때문이리라.

전통혼례식傳統婚禮式

푸른 하늘과 바람결이 청량감을 더해 주는 휴일. 고모님 댁 혼사가 있는 날이다. 우리 연배의 경조사 가운데 가장 많이 참석하는 곳이 바로 결혼식장. 현대화 물결을 타고 빠르게 정착된 결혼 풍속도는 늘 복잡한 시간대, 하객 인파에 밀려 혼잡을 피하기 어려운 요즘 실정이다.

오늘 예식은 충렬사에서 전통혼례식으로 치른다고 하니 기대와 호기심을 불러 일으켰다. 충렬사 너른 뜰 안마당에 초례청을 차려놓고 하객들이 둘러 모였다. 시원하고 조용한 분위기가 원색의 신랑 신부와 조화를 이루었다. 청사초롱을 든 어린 아이들을 따라 신랑이 신부 집을 향해 들어선다. 그 뒤를 기러기 들고 따라가는 시자가 있고 연이어 신부 아버지가 신랑을 집안으로 맞이했다. 신부가 두 번 절하면 신랑이 한번 절할 때 유교는 역시 남존여비男尊女卑구나 라는 선입견을 가졌었는데 사실과는 조금 달랐다. 남자는 양陽이기 때문에 기본 숫자인 1을 택한 것이며 여자의 음陰은 기본 숫자인 2이기 때문에 두 번 절하는 부분이다.

신랑이 입은 예복은 관복官服인데 결혼과 동시에 가장으로서의 책임과 권위를 위해서 임금님이 입도록 내린 옷이라고 한다. 신부의 옷 역시 녹색의 저고리는 하늘을 뜻하고 붉은 치마는 땅을 뜻하므로 모든 이치가 천지의 순리를 의미하는 것이라니. 연지 곤지 찍은 다소곳한 신부의 모습이 눈이 부시도록 아름다운데 술잔을 바꾸어 마시는 의식에 표주박으로 다시 술을 따르고 마시는 의식이 있었다. 청실홍실 큰 실타래 밑으로 오가는 그 표주박은 원래가 하나에서 갈라져 나왔기 때문에 부부의 일심동체를 의미 하는 의식인가 싶다. 소나무와 대나무를 올린 이유는 사군자 중에서 지조와 절개를 뜻하는 것일까. 궁금하기도 하다.

우리가 어렸을 때 동네에서 혼례식이 있는 잔치가 벌어지면 새 신랑이 오는 길목부터 야단법석이었다. 몸 아끼지 않고 품앗이 하는 아낙들의 틈사이로 엄마의 모습이라도 보이면 마냥 신이 났었다. 초야初夜를 훼방하는 익살꾼들의 창호지 문구멍 내는 일 또한 우리에겐 재미있는 구경거리였다. 동네 청년들에게 신부 도둑질한 죄목으로 혼줄이 난 신랑의 다리가 묶이고 다급해진 신랑의 장모님은 커다란 주안상으로 면죄부를 받던 장면들이 아련히 떠오른다.

요즘에는 사철 결혼시즌이 특별하지 않을 만큼 편리하게 치르지만 예전에 혼례는 대부분 추운 겨울날이 많았던 것 같다. 지금 생각해보면 농사로 생계를 유지하던 그때의 생활이 그러했을 것이다. 가을걷이로 재원도 마련하고 또 농한기 때 잔치를 함으로써 떨어져있는 일가친척 대소가들이 같이 어울려 축하해 줄 수 있는 여유가 있었기 때문일 것이다.

혼수라고 하는 물품 또한 손수 마련하고 손님을 대접하는 먹을거리를 풍성하게 공급하느라 우리 어머니들의 일손이 얼마나 힘들고 바빴을까 헤아려진다. 경제가 풍요하지 않았던 그 시절, 부조하는 방법 또한 현금봉투가 아닌 메밀묵이나 술 . 감주 같은 현물로 모두가 손맛이 깃들인 정성을 전한 것 같다.

얼마 전 이사를 하면서 버려야 하는 물건에 대한 고민이 참으로 많았다. 장롱 안에 고이 간수 하고 있었던 목화솜 이불을 꺼내놓고 한참을 들여다보았다. 원앙금침. 꽃 분홍 본견 양단위에 하얀 학이 수놓인 아직 깨끗한 상태로 보관된 이불이다. 우리 곁을 일찍 떠나신 어머니의 손길이 그대로 배어있는 무거운 솜이불을 30년 넘게 간수해 왔다. 나 자신이 돌이켜 보아도 미련하기 그지없는 처사라고 자책하면서도 솜을 뜯어내면서 눈물이 핑 돌았다. 재배한 질 좋은 목화를 구해서 솜을 털고 이불을 한 땀 한 땀 꾸며 주시던 그 모습을 떠올리면 사무치는 그리움에 목이 메인다.

아파트로 주거문화가 많이 바뀌고 난방이 좋아지면서 두꺼운 이불이 필요 없게 된지도 오래 되었건만 나는 차마 처분할 수가 없었다. 어머니의 품속처럼 따뜻한 목화솜 이불. 그때의 감촉을 잊을 수가 없다. 혼수에는 고가의 물품도 있겠지만 비록 값이 나가지 않는 물건이라도 사랑이 듬뿍 담긴 것이라면 오래도록 간직하고 싶어진다. 정이란 그렇게 소중한 것이다.

사라져가는 향수를 모처럼 느끼면서 현대와 전통의 차이점을 생각해 본다. 전통 혼례식에는 차례나 순서를 진행하는 분이 주례처럼 가운데서 진행하지만 일체의 서약이나 다짐을 받는 일이 없다. 그리고 앞으로 어떻게 살라 는 당부나 교훈도 주지 않은 무언의 의식 속에 모든 것이 내재 되어있다.

현대 결혼식에는 결혼행진곡이 울리고 혼인서약과 주례사, 만세를 부르는가 하면 실내악의 잔잔한 선율에 순백의 웨딩드레스는 참으로 우아하다. 비용 또한 만만치 않다. 전통 혼례식에 드는 비용은 아주 저렴한 이용료로 우리의 전통을 계승시키려는 자치단체의 지원으로 운영되고 있다고 한다.

평소에도 어른 공경하고 예절이 반듯한 청년으로 알고 있었지만 단아하고 고운 신부를 전통혼례로 맞이하는 모습이 더욱 돋보였다. 양가의 아버님까지 하얀 무명 두루마기에 유건을 쓰고 예를 갖추어 어우러진 모습을 보고 모두 칭송했다.

충렬사에는 호국 영령을 모시고 있는 뜻깊은 곳이다. 예를 치르는 둘레에 모과나무들이 결실을 주렁주렁 달고 지켜보고 섰다. 뜰 안 가득 모과 향기가 은은하다. 번잡한 실내공간에서 갖는 예식을 보다가 탁 트인 마당에서 모여 있으니 한 울타리 한동네 사람들 같이 느껴진다. 예전에 몰랐던 부분들을 나이든 이제야 새롭게 배우고 느낀다.

우리 사회가 다변화 되면서 가치관의 혼란 때문인지 이혼율이 급증한다는 보도가 우리를 슬프게 한다. 위기를 견디고 극복하는 노력이 부족한 것도 우리 기성세대들이 가르치지 못한 책임이 크다는 생각이 든다.

동물 중에서 가장 모범적이라는 기러기는 짝에 대한 신의가 두텁고 한번 짝을 잃으면 다시 다른 짝을 찾지 않는다고 한다. 번식력 또한 왕성해서 다산을 기원하던 우리네 선조들의 지혜로 선택되어 의식을 같이한 기러기. 그 기상을 닮아 오래오래 건강하고 행복하기를 축원하며 '텐드우드의' 말을 되새겨본다.

"결혼의 성공은 정당한 짝을 찾는데 있는 것이 아니라 정당한 짝이 되는데 있다."

가을

경주 남산

산을 좋아하면 계절에 따라 오르고 싶은 산 이름이 떠올려진다. 철쭉이 만개할 때나 억새가 출렁이고 단풍이 들 때의 산 빛깔과 모습이 저마다 다르기 때문이다. 우리 부부는 휴일에 특별한 일이 없으면 산행을 한다. 어울려서 가면 더욱 좋고 또 단출한 부부 동행은 떠나기에 편리해서 좋다.

자연은 늘 의연하고 우리에게 많은 가르침을 준다. 조바심이 들고 풀리지 않는 복잡한 일상사에 쫒기다가도 산의 품, 그 기운에 동화되고 보면 활력을 찾아 여유를 갖게 되니 좋은 치료사라고 할까. 경험해 본 사람만이 효능의 매력을 느낄 수 있다. 우리

나라의 명산에는 유명한 사찰이나 문화재가 고색창연하게 자리 잡고 있다. 산에 오르면서 우리 조상의 자취를 돌아보는 것 또한 빼 놓을 수 없는 즐거움이다.

경주의 남산은 야외 박물관이라 할 만큼 유적 유물이 많은 곳이라 기대가 되고 호기심도 많았다. 소나무 숲이 울창한 삼릉(경명왕, 신덕왕, 아달라왕)을 초입으로 냉골을 따라 오르면 제일 먼저 석조여래좌상을 만난다. 편안히 앉은 자세며 기백이 넘치는 가슴과 어깨가 위풍도 당당한데 불상의 머리가 없어 안타깝다. 예쁜 매듭으로 동여맨 끈이며 사실적이고 섬세하게 표현된 유물, 그 둘레의 숲에는 산수유가 피어나고 바위 사이로 여기저기 진달래가 꽃망울을 터뜨리는데 한창 수액이 돌아 맥박이 뛰는 듯 그 울림이 사뭇 다르다.

산등성이 위로 올려다보니 "삶이 고단하시오? 천천히 살아 보시구려" 귓전에 속삭임이 있었다. 풍만한 얼굴에 미소를 머금고 목걸이와 팔찌 등, 장신구들로 화려하게 몸을 꾸민 관세음보살님이 내려다보고 계신다.

다듬지 않은 암반위에 자유로운 필치로 그린 그림을 선각으로 새긴 돋을새김의 필력이라니, 가히 능숙한 아미타 삼존상이다.

마애불상을 만나며 오르노라면 가파른 산길이 힘든 줄 모르게 정상에 닿는다. 금오봉(464m)을 넘어 용장 골에 들어서면서 우리를 압도한 것은 삼층석탑이다. 높이가 4.5m밖에 안 되는 탑은 신라 탑에서 흔히 볼 수 있는 석가탑 양식이다. 동쪽 바위산맥 위에서 가장 높게 보이는 봉우리가 우뚝 서 있는 삼층석탑, 하층 기단이 바로 해발 400m의 바위산이라는 점이 독특하다. 작은 탑으로 하늘세계로 연결하는 큰 감격을 나타낸 아름다움과 장엄한 위엄, 재주나 힘으로가 아니라 부처님 세계를 그리는 맑고 깨끗한 신앙의 정열로 그 오묘한 구상을 지었을 것이다.

100여년의 세월에 걸쳐 쌓아 올렸다는 유럽 지방의 고딕사원 첨탑처럼 장엄한 느낌을 자연과 인공의 조화로 나타낸 옛 사람들의 슬기와 재치를 엿 볼 수 있다. 남산의 유물들은 자연을 그대로 조금 가미해서 표현해서일까. 어색하지 않은 친근함이 감돈다. 얼마나 많은 사람들이 저 탑을 돌며 무엇을 기원했을까. 신라인들은 남산이야말로 하늘에서 하강하신 부처님이 머무시는 곳으로 신앙되어 많은 절이 생기고 탑이 서고 불상이 조성되었을 것이다.

탑 아래로 매월당 김시습이 오래 머물면서 금오신화를 집필했다고 하는 용장사 터 흔적만이 희미하다. 남산은 신라의 첫 임금 박혁거세 거서간이 탄생했다는 나정이 남산 서쪽 장창 골 어귀에 있고, 신라의 종말을 고하게 된 포석정이 유느리 골 어귀에 자리 잡고 있는 역사의 산이기도 하다. 수많은 유물들이 유실 훼손되었지만 국방의 심장부인 남산성이며 무기창고 터가 남아 있어 삼국통일을 이룩한 신라의 저력을 엿볼 수 있다.

남산은 하루 종일 걸어도 지루하지 않고 골짜기마다 분위기가 다르다. 다른 코스의 산행을 해봤지만 냉골에서 용장 골을 내려오는 곳에 유물이 가장 많고 여운을 남겼다. 다양한 모습의 석불들과 시공을 넘어 만나는 오붓한 산행이야말로 몇 배의 뿌듯함을 안겨준다.

유감스럽게도 까맣게 그을린 소나무 그루터기, 산불의 흔적을 지나칠 때의 안타까움은 우리들의 자성을 불러일으키게 한다. 후대에 물려주어야 할 위대한 유산을 잘 보존하고 가꾸어 나가야 할 책임이 산을 좋아하는 사람들은 더욱 막중하게 느껴야하기 때문이다.

온화한 미소로 맞이해 주는 마애불상과 산봉우리 끝에 앉은 탑의 강렬함이 오래도록 지워지지 않는 남산. 역사가 살아 숨쉬는 숲의 향기에 흠씬 취해보는 하루가 더없이 소중하게 느껴진다.

어느 봄날의 택배

4월 어느 봄날, 밀양의 K선생님이 보내신 택배를 받았다. 농사를 하시는 것도 아니고 물자가 귀한 산골에서 무엇을 보내셨을까 의아한 생각이 들어서 황급히 박스를 열어 보았다. 그 속에는 파릇한 새 쑥이 가득 들어 있었다. 한 바구니는 됨직한 쑥 사이에 페트병 몇 개가 섞여 있었고, 그 병 속에는 소주에 담긴 진달래꽃이 형체를 잃지 않으려는 몸부림을 하고 있었다.

요즘은 갖가지 물품이 택배가 되는 편리한 시대지만 봄 들녘을 고스란히 앉아서 받은 순간의 흥분은 좀체 가라앉지 않았다. 택배로 이런 선물을 받은 건 처음 있는 일이기에 한참을 넋 놓고 들여다보고 있노라니 여든이 넘은 노부부의 뜨거운 정성에 눈물이 핑 돌았다.

선생님 댁이 밀양으로 이사를 가신지도 십 수 년이 되었다. 같은 시내에 살 때는 주로 명절에 뵈러 갔었는데 그곳으로 가신 후에는 계절에 따라 달려가곤 했다. 겨울에는 추운 산골이라 한사코 못 오게 하시는데 여름도 마찬가지로 너무 더운 지역이라 폐가 될 것 같아서 방문을 자제했다.

진달래가 만개 했으니 쑥을 캐러 오라는 전화를 한 해도 빠지지 않고 해 주셔서 우리의 봄맞이는 연례행사처럼 밀양에서 시작된다. 해가 바뀐 새봄. 안부도 궁금해서 시기를 놓칠 새라 골짜기로 달려가면 선생님과 남편은 뒷산의 진달래꽃을 향해서 사모님과 나는 밭둑으로 갈라져서 산과 들녘에 찾아온 봄의 전령들을 듬뿍 담아 오는 일을 한 해도 거르지 않고 해 왔다

골짜기 들판에 이른 봄바람이 옷깃에 파고드는 싸한 기운을 흠씬 맛보며 나물 캐는 작업이 끝나면 냉이국과 돌미나리, 씀바귀 같은 봄나물이 풍성한 밥상에 둘러앉아 맛깔스러운 점심을 같이하는 시간은 더없이 정겹다.

그 마을은 집집마다 감나무가 많은 산골. 선생님 댁에도 몇 그루 감나무가 있다. 담장을 끼고 높이 자라 키가 큰 고목, 씨알 굵은 대봉 감 따기는 늘 우리들 차지다. 너무 높아 감 따기가 어렵다며 도움을 요청하시는데 감을 따는 즐거움을 안겨 주시려고

일부러 하시는 말씀을 진심인양 가을이면 감을 따러간다. 어릴 때 고향집에서 해본 솜씨로 남편은 긴 장대를 들고 헛간의 지붕 위로 올라간다. 감을 따서 내려주면 나는 장대 끝에 꺾여 매달린 감을 풀어서 광주리에 담는다. 흡사 고향집에 돌아와 가을걷이의 기쁨을 맛보는 것처럼.

빨갛게 익은 실한 감을 실수로 떨어트려 땅바닥에서 깨어지면 그런 감은 모아서 감식초를 담그면 된다고 아까워서 쩔쩔매는 우리를 배려해 주시는 어른들. 높은 곳에 달린 몇 개의 감은 항상 남겨두라고 주문하신다. 주머니 채가 달린 장대로 바로 따서 먹는 홍시 맛은 별나다. 돌아오는 길은 가을 소출을 거둔 농부처럼 감 상자와 텃밭에서 갓 뽑은 무며 끝물 애호박을 따서 트렁크 가득 싣고 돌아온다.

올봄에는 밀양에서의 봄맞이를 하지 못했다. 남편이 교통사고로 중상을 입고 병원생활을 하고 있기 때문이다. 계절이 몇 번이나 바뀌었지만 병실에 누워 창밖으로 보이는 나뭇잎의 변화로만 짐작하고 있는 중환자이기에 바깥바람을 쐰 지는 오래 전 일이다.

소식을 듣고 노구를 이끌고 문병을 다녀가신 후 환자의 심각성을 헤아려 많은 걱정과 위로를 해 주셨다. 심려를 끼쳐 드려 죄송한 마음을 어쩌지 못하는데 봄맞이 하러 못간 아쉬움을 대신해서 '봄' 을 택배로 보내신 것이다. 염소 사육을 생계의 부업으로 하는 산골이라 뒷산을 몇 번씩 오르내려야 하는 중노동이 만만치 않다.

연로하신 어른들이 힘에 버거운 가축 감당하시기도 어려울 텐데 지금의 힘든 아픔을 딛고 빨리 일어나라는 위로와 격려로 봄을 선물 하신 것 일까. 만물이 깨어나는 봄기운과 향기를 충전해 주시려는 뜨거운 정이 가슴을 적시었다.

어찌 값으로 계산할 수 있을까. 진달래꽃이 기침에 좋다고 권유해 주셔서 마을 뒷산에 지천으로 붉게 물들인 꽃을 해마다 따서 오긴 했어도 술병 속에 저장해 보내신 정성은 눈물겨운 일이다. 쑥은 시장에서 흔하게 살 수 있고 진달래술은 한 해 안 먹으면 그만이다.

이번 사고를 통해서 참 많은걸 느끼게 했다. 우리 둘레의 많은 분들로부터 위로와 도움을 받고 빨리 털고 일어서야겠다는 의지를 절절하게 느꼈다. 평소에도 늘 교훈적인 말씀보다는 유머와 담소로 여유와 멋이 배어나고 몸소 실천하고 계시는 삶 자체가 우리를 깨우치게 해 주시는 선생님 내외분은 부모님처럼 따뜻한 분들이다. 사회 초년병 시절 직장의 상사로 인연이 되어 지금까지 돈독한 교분을 갖는다는 것은 우리에게 큰 축복이라 생각지 않을 수가 없다.

세월은 빠르게 흐른다. 그 속도는 나이에 비례해서 가속 된다는 말처럼 한 해가 다르게 쇠잔해 가시는 어른들 뵙기가 안타깝다. 지난번에 가서 사모님 수술하신 허리가 완치 되지 않아 자주 누우시는 모습을 보고 가슴이 아팠다. 우리에게 주신 사랑의 빚을 갚을 수 있도록 오래오래 사셨으면 하는 간절한 마음이다.

봄은 온 누리에 꽃불을 켜고 환호하고 있는데 남편은 아직 휠체어에 의지하는 답답한 처지에 놓여있다. 아파트 앞뜰에 하얀 치자 꽃이 소담하게 피어 그 향기가 지나는 발길을 붙잡는다. 싱그러운 꽃 한 송이를 따서 병실의 환자 코언저리에 살짝 갖다 대었다. 애써 고개를 돌리며 반기지 않은 걸 보고 괜한 짓을 했다는 후회가 들었다. 수없이 많은 수술의 고통. 뼈를 깎는 아픔을 감당하느라 귀천이 없는 그에게 봄의 환희로움을 전 한다는 것이 너무 사치한 것인 줄 미처 헤아리지 못했다.

여리고 통통한 야생의 쑥. 국 끓이는 냄비에서 그 진한 향이 온 집안 가득히 번져난다. 이 봄, 쑥의 향기 보다 더 진한 사랑의 향기가 가슴을 파고든다. 선생님 댁과 몇 번의 봄을 더 같이 할 수 있을까. 오랜 세월동안 인생의 굴곡진 여정을 지켜봐 주시고 용기를 주셨던 그 분들과의 좋은 인연을 생각하며 쑥국을 먹는다. 택배로 온 봄 선물은 우리에게 산야에서 채취한 단순한 꽃과 나물이 아니라 새로운 기운으로 충전된 엄청난 에너지가 되어 환자에게 영약의 치료제가 될 것 같다. 어디에도 견줄 수 없는 귀하고 따뜻한 사랑이 담긴 야생의 생물을 조리하기는 쉽지 않은 떨림이 있었다.

일생 처음으로 고희를 맞을 무렵에 농촌생활을 시작하신 선생님의 가축일기를 보고 놀라웠다. 가장 먼저 새 식구가 된 염소부터 차례로 개별 병력이나 무게며 계보를 빠짐없이 측정 기록해서 관리 사육 하시는데 어느새 전문가가 다된 솜씨가 주위를 놀라게 하였다. 씨족 마을이라 타지에서 들어와 정착하신 선생님댁을 처음에는 경원시하던 마을 주민들도 높은 학식과 신망이 두터운 면모를 지켜 본 후로 힘을 빌리는 역현상이 일어났다고 할까.

가축의 질병에 대한 문의며 갖가지 상비약도 급하면 달려오는 마을 사람들의 자문을 담당하는 어른이 되었다. 특히 고추농사로 비닐하우스를 많이 하는 그 동네의 연로한 어른들 문맹이신 분들이 더러 있다고 한다. 큰돈이 들어 올 때의 통장 조회며 금전관계에 대한 도움 요청에는 곤혹스럽다고 하실 정도이니 얼마나 신뢰를 받고 있는지 알 수 있을 것 같다. 꼼꼼 하신 성품이며 논리 정연한 분으로 알고는 있었지만 진달래를 따서 페트병 소주에 담가 쑥과 함께 택배로 하신 발상은 예상하기 어려운 일이었다.

신년에 들어 서기 바쁘게 연하장으로 한 해를 축원해 주시는데 우리가 안부전화 올리는 일 보다 늘 먼저 하시는 일, 우리 집 아이들 걱정 하나 하나 챙기시는 자상함은 따라갈 수 없는 덕목으로 본을 보여 주시는 분이다.

먼 길 버스를 타고 나가지 않으면 장을 볼 수도 없는 산간 오지 마을, 보내주신 정성에 조그만 성의로 답례가 될 수 있을까 싶어 반찬거리에 필요한 멸치와 미역 , 다시마, 김, 같은 해산물을 준비해 본다. 몇 가지 생활용품을 보충한 택배포장을 서둘러야 되겠다.

순수한 영혼과 낭만. 무소유의 인품이 늘 우리들을 감동시키며 정이 넘쳐나는 어르신들. 그 분들을 뵈러 가려면 더욱 열심히 치료하여 하루속히 일어 설 수 있도록 혼신의 노력을 해야겠다. 내년에는 예년처럼 밀양에서 봄맞이를 할 수 있기를, 가을 햇살을 이고 감 따는 장대에 풍성한 인정을 주저리 꺾어 내릴 때의 그 감격을 나눌 수 있기를 간절하게 소망해 본다.

우정이 있는 풍경

몇 개월 집안에서 투병하느라 힘들고 우울한 나날이었다. 좁은 공간에서 반복되는 지루한 일상. 가슴은 답답하고 신경은 예민하여 주체할 수 없는 심신을 추스려보지만 무기력에서 헤어나기가 어려웠다.

온 산야 봄물이 들고 있다고 햇살이 나의 창을 두드리면 안타까운 한숨이 나의 시간들을 앗아가곤 했다. 어디에 유정한 것이 있을까. 건조하고 따분한 어느 날 친구 H가 영양소 많은 신선한 먹을거리를 가득 사 들고 왔다.

그녀는 재빠른 요리 솜씨를 한껏 발휘하여 토속적인 밥상을 맛깔스럽게 차려 내왔다. 흡사 친정어머니가 딸의 입맛을 알고 해 주듯이. 그동안 식욕을 잃고 식사를 제대로 못했는데 생기가 나는 것 같았다. 집안 구석구석 걸레질하며 청소하고 베란다 화분에도 물을 뿌려준다.

난蘭 가꾸는 취미를 가진 그의 눈에 잎이 축 늘어져 시들어 가는 풍란이 애처롭다고 한 것은 당연한 일인지 모른다. 지난해 봄 꽃시장에서 풍란 몇 모종 사 왔었다. 베란다 구석에 먼지를 쓰고 있는 돌 생각이 났기 때문이다. 몇 년 전 여름휴가 때 별 생각 없이 주워왔는데 그의 용도가 문득 스쳤다. 풍란이 우리 집에 온 후 정작 모양을 갖추고 돌보아 줄 겨를 없이 한해가 훌쩍 지나가 버렸다.

청색 바탕에 하얀 물결무늬가 있는 돌을 살펴보더니 친구는 흡족한 표정을 지었다. 산봉우리 모양을 한 돌 꼭대기에 대엽 풍란 두 포기를 나란히 앉혀 뿌리와 돌을 단단히 묶었다. 뿌리위로 이끼를 살짝 얹어 수반위에 놓고 보니 바위섬 같은 자연이 풍치가 그녀의 솜씨로 돋보이는 순간이다. 살아있는 생명과 눈이라도 맞추면 건상 회복하는데 도움이 될 거라며 창 가까운 거실 안에 들여놓고 친구는 돌아갔다. 매일 두 세 번씩 물을 듬뿍 뿌려주라는 당부를 남기고.

시들어져 가던 생명체와 돌과의 결합으로 새롭게 태어난 그들의 조화가 비로소 아름다운 진가를 발하는 것 같았다. 그들이 나의 관심과 애정을 받기 시작한 것은 이 때 부터다. 물을 뿌려주며 눈길을 맞추고 들여다 볼 때 마다 새록새록 정감이 간다. 마침 계절적인 기온의 영향도 있겠지만 정성을 기울이는 만큼 잎새가 검푸르고 눈에 보일만큼 건강하고 탄력이 있게 자라난다.

내가 친구 H를 알게 된 것은 20여 년 전 일이다.

경제적인 위기에다 오랜 시어머님의 병원 생활로 가장 힘든 때 이웃사촌으로 만났다. 옷 보따리 몇 개와 부엌집기 정도의 단칸방으로 이사 온 집 대문이 마주 보이는 그 집에 그녀가 살고 있었다. 아담한 양옥을 새로 사 온 지 일주일이 되었다고 했다.

열악한 환경에 위축이 되어 더욱 낯가림을 하던 나에게 서슴없이 다가와 손을 내 밀었다. 큰 수술을 받고 입원해 계시는 시어머님 병원을 내왕하며 생활이 어수선하던 우리 집 살림도 허물없이 도와주고 용기를 북돋아 주곤 했다. 또래나 터울이 비슷한 두 집 아이들이 늘 한집처럼 오가며 부대끼고 작은 것 하나라도 나누곤 하는 유달리 정이 많은 사람이다.

우리는 성격이나 취향이 서로 다른 면이 있었지만 시간이 갈수록 동화되어 정 도탑기가 혈육 보다 더한 사이가 되었다. 이웃간의 벽이 높아지고 어떤 사람이 사는지도 모른 체 바쁘게 살아가는 요즘 세상에 드물게 돈독해진 이웃이다. 더구나 궂은일이나 힘들 때 몸을 아끼지 않는 헌신적인 마음씨가 나를 늘 숙연하게 하는 덕목을 갖춘 그녀는 내가 갖지 못한 장점을 많이 가진 사람이다. 성격이 깔끔하여 버리고 비우기를 철저하게 잘하는 친구와는 달리 어질러 놓고 버리지 못하는 짐 속에 묻혀 대충 살아가는 내가 답답해서 집에만 오면 버리고 치워 주겠다고 안달이다. 시원시원한 성격과 걸맞게 부지런함과 음식솜씨 또한 겸비했으니 그의 집에는 늘 바깥손님이 끊이지 않았다. 사람을 좋아하고 베풀기를 좋아하는 타고난 품성이 주변 사람들의 입맛까지 사로잡는 것 같았다.

든든한 이웃의 큰 울타리로 살던 우리 두 집은 각자의 형편대로 몇 번의 이사를 했지만 그리 멀지 않은 곳이라 자주 내왕하며 우정을 쌓아 나갔다. 우리는 초라한 모습이 되어 가까운 사람 만나기 불편할 때 가슴이 아파서 분통이 터질 때 서슴없이 달려와 눈물을 쏟을 수 있는 그런 사이다. 거창한 자존심이 아니라도 당당하고 좋은 모습일 때 편하게 만날 수 있는 친구는 많아도 만신창이가 된 상처까지 보여 줄 수 있는 친구. 많지 않을 것 같다.

지금은 친구의 남편도 병환으로 가료 중에 있는 처지다. 그럼에도 불구하고 내가 가장 힘들게 아파할 때 짬을 내어 밤을 같이 지세우고 간호해 준 정성은 눈물겨웠다. 그동안 힘든 고비를 몇 번이나 넘긴 남편 간병에 전문가가 다 된 손길로 또 나를 쓰다듬어 준 뜨거운 마음을 잊을 수가 없다.

불확실한 미래에 대하여 걱정 할 여유도 없이 허겁지겁 달려온 나의 의지마저 버티기가 힘들어 나는 요즘 비틀거리고 있다.

그러나 나의 주변에서 늘 격려해 주고 한사코 달려와 아픔을 같이해준 많은 지인들과 친지들을 생각하면 이대로 주저앉을 수가 없다. 빠른 시일 안에 털고 일어나 활기찬 발걸음을 내 딛고 싶다. 나에게 보내준 우정과 사랑에 보답할 수 있는 원기를 되찾고 한결 성숙해진 모습으로 우뚝 설 강인한 사람이 되기를 기도한다.

"어려움이 닥쳤을 때 그때가 바로 성장과 발전의 기회다. 어려움은 나를 괴롭히기 위해서 오는 것이 아니라 나의 얼을 연마하고 일깨우기 위해서 오는 것이다." 이 명제를 꼭 붙들고 싶다.

친구가 다녀간 지 한 달 여 만에 풍란의 아래 잎 사이에서 이상한 기미가 보였다. 혹시 뿌리가 아닐까 돋보기를 끼고 들여다보다가 아직 확실한 감별을 못하고 기다렸는데 그 후에 온 친구의 말은 꽃대라고 했다. 나날이 싱그러운 모습으로 속잎도 틔우고 잎의 영역도 넓혀 나갔다. 뿌리를 뻗어 내리는 강인한 생명력과 끌어안으려는 돌의 안간힘이 가상하고 경이롭다. 이제 공동 운명체인 그들. 수혈을 받은 돌의 전신에 세포가 살아나고 드디어 피돌기가 시작된 꿈틀거림을 엿보고 있다.

지금 나는 친구가 내 앞에 옮겨다 준 아름다운 자연과 교감하는 잔잔한 기쁨을 누리고 있다. 푸른 바다 위에 떠 있는 외딴 바위섬. 파도소리 들으며 깎아지른 절벽 위에 그윽한 향기 바람에 실어 보내는 풍란의 자태 그 풍광을.

하루하루 꽃대를 밀어 올리고 마디마디 꽃 봉지를 피워내는 생명의 기운을 받으며 우정을 되새기는 지금 비록 육신은 차갑지만 가슴이 따뜻해 오고 행복하다. 언제나 내 편이 되어주고 나의 허물까지도 감싸주는 20년 지기 친구가 있으니까.

오늘도 나는 열심히 물을 뿌려주고 있다. 사랑해줘서 고마워요 힘을 내요. 그리고 빠른 쾌유를 빕니다. 물을 머금은 그가 가만히 속삭인다.

새로운 날의 일기

오늘 아침 산행을 시도했다. 빨리 걸을 수는 없었지만 그런대로 힘에 벅찬 운동은 아니었다. 약수터 가는 숲길에 아카시아 꽃잎이 바람에 흩날렸다 .상큼하고 향기로운 산길을 모처럼 오르는 기분이 정겹고 반가웠다.

내가 아파하는 동안 자연은 어느새 윤기 나는 새 잎으로 온 산 가득 초록으로 뽐내고 있다. 그 기운에 사로잡히는 행복감도 살아있음에 가능한 일이다. 다시 산을 오를 수 있을까, 땀 흘리며 걷는 상쾌한 기분을 되찾을 수 있을까, 자신이 없었던 때를 생각하면 다행하고 고마운 일이다.

나는 지금 투병중이다. 교통사고로 중상을 입고 입원한 남편이 8개월 째 심신이 지쳐있던 내게 유방암 진단은 하늘이 무너지는 충격이었다. 설상가상이란 이를 두고 하는 말일까. 가혹한 현실이 믿기지 않았다. 의사선생님은 수술 후 치료를 잘하면 예후가 좋은 병이라고 위로했지만 참으로 암담한 심정이었다.

처음 화학요법으로 항암 치료를 받고 체력에는 별반 차이를 못 느끼고 평소에 하던 운동을 할 수 있었다. 두 번째의 항암을 마쳤다. 자고 나면 한 주먹씩 머리카락이 뽑혀 나갈 때의 섬뜩함, 식사를 할 수 없는 역겨움이 견디기 힘들었다. 머리카락을 완전히 밀어버리고 돌아온 날 저녁, 딸아이는 웃음을 참느라고 애를 쓰며 작은 소리를 내었다. 엄마의 두상이 그렇게 못생긴 줄은 몰랐다며 앞과 뒤, 머리 정수리를 세심하게 살펴보는 것이었다. 여자에게 머리카락이 큰 비중을 차지한다는 것은 일찍이 알았지만 우울한 어미를 잠깐이나마 웃겨 주려고 전에 없던 익살을 부리며 우리는 마주보고 웃었다. 내가 보아도 너무 낯설고 어이없는 모습에 말을 잊고 말았다. 삭발이 된 모습을 본 친구가 가발을 사주겠다며 나를 이끌고 가발 전문점으로 데리고 갔다. 이것저것 여러 스타일을 고르다가 어울리는 가발하나를 씌우고 알맞게 커트까지 하고 보니 감쪽같이 다른 사람이다. 아니 그 전보다 더 어울리는 헤어스타일이다.

시장을 갈 때나 잠깐 볼일을 볼 때는 일일이 가발을 착용할 수 없어서 편리하게 벙거지 모자를 눌러 쓰고 나갈 때가 많다.

어느 날 큰 길을 건너가려고 네거리 신호등 앞에 섰을 때였다. 추운 날씨에 바람까지 몰아닥쳤다. 막 건널목을 지나려는데 모자가 휙- 도로위로 날아가 버렸다. 마침 신호대기에 정차해 있던 차안의 사람들과 길가에 서 있던 사람들이 일제히 나를 바라보게 되었다. 순간, 두 손으로 머리를 감싸며 당혹스러워 쥐구멍이라도 들어가고 싶었다. 남에게 피해를 주거나 죄 지은 것도 아닌데 순식간에 일어난 사태(?)에 그토록 상처를 입다니.

인명은 재천이라 했으니 죽을 운명이면 어쩔 수 없고 조기에 치료하는 것만이 완치율을 높일 수 있다는 담당의사의 처방대로 각종 검사를 거쳐 수술 일정이 잡혔다. 큰 병이 발생한 원인은 나 자신에게 있다. 건강할 때 지키고 관리 운용을 잘 못한 당연한 귀결이다. 남편의 병원생활도 장기간이 필요하고 나의 치료기간 또한 많은 시간을 요하는 치료의 전쟁이 시작된 것이다. 어쩔 수 없이 알리긴 했지만 우리는 서로 눈을 마주하지 못한 채 아무 말도 하지 않았다.

나는 어머니에 비하면 10여년 더 오래 살았다. 막내 여동생은 13살 한창 사춘기 때 어머니를 여의고 그 환경에도 잘 자라서 가정과 직장을 병행하는 3남매의 어머니요 아내로 좋은 가정을 이루어 잘 살고 있다. 결혼이 늦었지만 우리 아이들은 모두 성인이 되었으니 살아갈 수 있을 것이다. 다만 아직까지 시어른이 계시고 남편의 건강을 보살필 손길이 필요로 하니 염려가 될 뿐이다.

딸아이는 '암을 이긴 사람들' '암과 싸우지 말고 친구가 되라' 여러 가지 책을 사오는가 하면 먹을거리에 대한 민감한 사안이 커다란 과제로 돌입했다.

섣달그믐이 가까울 무렵 수술을 하고 7일 만에 퇴원을 하게 되었다. 설을 쇠려면 퇴원이 불가피하여 집으로 돌아와서야 남편과 마주 했지만 그 때도 우리는 아무 말을 하지 못했다. 그 무렵 남편은 목발에 의지해서 겨우 설 수 있을 정도였는데 내심 걱정이 되어서인지 처음으로 환자복 차림으로 집에 들렀어도 서로 물끄러미 바라볼 뿐이었다.

나는 살아오는 동안 부모님을 비롯한 형제자매 그 외의 둘레에 친한 지인들에게 많은 도움을 받고 살아왔다. 이대로 생을 마감한다면 빚만 가득 안고 그들 곁을 떠나야한다. 휴일을 제외하고 매일 방사선 치료 때문에 병원을 가야한다. 처음에 33번의 치료가 필요하다고 했는데 5번의 방사선 치료를 더 하라는 처방에 식사를 제대로 못하는 어려움이 여간 고통이 아니었다.

운동을 하려면 어둠이 내린 밤, 아파트 주위를 반복해서 돌아보는 걷기 운동을 차츰 늘려가 보지만 몸을 추스르기가 쉬운 일이 아니었다. 처음에는 아는 사람을 만날까 돌아가는가 하면 의식적으로 피하기도 했는데 차츰 긍정적인 사고로 바꾸어 나가는 노력을 하게 되었다.

병이나 사고는 누구에게나 예기치 않게 올 수 있는 일이다. 혼자서 은밀하게 숨어 지낼 것이 아니라 모임에도 나가서 어울리고 식사도 같이 하는 용기를 갖게 되었다. 무거운 것을 들거나 힘을 쓰지 못하는 어려움이 있어 압력밥솥에서 당장 전기밥솥으로 바꾸는가 하면 규칙적인 운동을 필수적으로 해야만 했다.

우리는 각자의 주어진 소임은 할 수 있을 때, 살아있는 동안 움직여 일을 할 수 있을 때, 비로소 가치를 한다고 할 수 있다. 타인의 힘을 빌리거나 도움을 받지 않아도 되는 건강이면 더 말할 나위 없겠지만 스스로 일어서려는 강한 의지가 무엇보다 필요하다. 그래서 세계보건기구(WHO)에서는 건강이란, 정신적 육체적 그리고 사회적으로 온전한 상태를 정의하고 있다.

이제 힘든 치료는 끝나고 꾸준히 복용해야 하는 약 처방이며 정기적인 검사로 전이를 예방하기 위한 여러 가지 규칙을 잘 지켜 나가야 하는 일이 남아 있다. 수술한지 일주일 만에 가슴에 붕대를 친친 감은채로 집에 돌아와 제수용 음식을 장만하고 차례상을 준비하면서 가사를 담당하는 어머니요 아내는 죽는 날 까지 가정을 위해 헌신하지 않을 수 없는 숙명적인 존재라는 걸 절감했다.

숲속에서 심호흡도 하고 자연의 변화에 경외감을 느끼는 이 순간도 마냥 고맙다. 돌이켜보면 잇따른 불행이 참담하고 기막힌 일이다. 그러나 어느 세상살이가 녹록한 인생이 있을까. 다시

한 번 담금질로 나를 연마하기 위해 오는 시련이라 생각하니 이겨내려는 의지가 불끈 솟아올랐다.

내 몸 안에서 마주친 암 세포들을 무조건 물리칠 게 아니라 달래고 어루만져 주고 순후하게 같이 데리고 살아야 한다는 경험자들의 조언을 떠올려본다. 모든 것은 시간이 해결해 줄 것이라는 믿음으로 미리 걱정하고 예단할 필요가 없다. 치료에 전념하고 나를 필요로 하는 가족들과 내게 닿은 인연들 모두 사랑해야겠다. 식사는 소박하게, 운동은 꾸준하게, 사고는 긍정적으로, 욕심과 집착은 내려놓기, 등 철저한 수칙이 필요하다.

마음을 단단히 하고 의연한 척 하지만 검사를 받기 위해 최근에 도입한 정밀 기계 속에 누워 있는 순간, 나의 전신을 훑어가며 샅샅이 더듬어 관찰하는 1분 1초가 얼마나 초조하고 길게 느껴지는지 모른다.

역겨움에 구토가 동반하는 고통으로 먹을 수도 포근하게 잠을 잘 수도 없는 현실은 발버둥 치며 달려온 나의 의지마저 흔들이 비틀거리게 했다. "오늘 나의 불행은, 어제의 잘못된 시간의 보복이다." 어느 글에서 본 이 구절은 가혹하고도 냉철한 단칼로 나의 가슴에 와 꽂혔다.

로키 산맥 해발 3000미터 높이에 수목한계선 지대가 있다고 한다. 이 지대의 나무들은 너무 매서운 바람 때문에 곧게 자라지 못하고 마치 사람이 무릎을 꿇고 있는 듯 한 모습을 한 채 서 있다. 눈보라가 얼마나 심한지 이 나무들은 생존을 위해 그야말로 무릎 꿇고 사는 삶을 배워야 했다. 세계적으로 가장 공명이 잘 되는 명품 바이올린은 바로 이 무릎 꿇은 나무로 만든다고 한다.

나의 생존을 위해 지난 6개월 동안 여섯 번의 항암과 그리고 수술, 38회의 방사선 치료에 전력을 다해 왔다. 많은 사람들로부터 받은 위로와 격려에 보답하고 고스란히 남은 숙제를 감당하기 위해 굳건한 심기로 건강을 회복하는데 혼신을 다 하려고 한다. 이제는 체력증강을 위해서 운동을 하며 차츰 기운을 회복하고 있는 중이다.

큰 병을 얻어 치료하는 동안 나는 살아가야 할 이유를 하나씩 깨닫게 되었다. 우리가 살아가는 소소한 일상 하나하나가 얼마나 소중하고 가치 있는 일인지, 그러므로 가족과 친척, 그리고 둘레의 많은 사람들을 더 사랑하는 마음으로 살고 싶다.

고도의 의술이 눈부시게 발전하는 요즘, 암환자의 생존율이 높아져 간다고 한다. 하지만 만약에 치료에 실패하더라도 받은 사랑과 은혜에 감사한 마음으로 떠나갈 각오도 다져 나가리라.

"자! 이제부터 다시 시작하는 거야, 힘내."

부모님 전상서

아버지! 어머니! 오늘은 병술년 윤7월 27일입니다. 윤달의 길일을 택하여 아버지 어머니 두 분을 함께 모시는 소중하고 큰 행사입니다.

두 분께서 타계하신 후 거리가 먼 곳에 따로 유택을 모셔 놓고 지나온 수 십 년 동안 우리 형제들은 늘 마음이 편치 않았습니다. 갑작스런 어머니의 별세는 우리 가족들에게 큰 충격으로 장지에 대한 신중한 분별을 가늠할 수 없는 상황으로 몰고 갔습니다. 한여름 무더위에 갑자기 일을 당한 우리 가족들은 외가 쪽에 어머니 장지를 마련하고 급하게 장례를 치르게 되었습니다.

직장생활 외에 가정사라고는 모르시던 아버지께서 맏이인 저 하나를 성혼시키고 남은 넷이나 되는 동생들을 홀로 감당하시느라 힘들고 고독한 세월이었습니다. 아버지의 건강을 챙기시고 안락한 여유를 생각할 겨를도 없이 10년도 채 못 사시고 또 우리 곁을 떠나셨습니다. 그때 아버지 장지를 고향에 따로 마련한 것은 훗날 어머니도 함께 모셔올 계획이었습니다. 우리 오남매가 각자 일가를 이루어 오늘에 이르렀지만 이장移葬이라는 신중한 행사를 결행하기가 쉽지 않았습니다. 이제 형제들 저마다 자녀들이 다 자랐고 미루어 두었던 우리들의 숙원인 부모님의 유택을 이장하여 한 봉분으로 모시게 되니 더 없이 기쁩니다.

아버지가 태어나신 고향마을 초입에 교통이 좋고 양지바른 야트막한 산 아래 아늑하고 정갈한 터에 묘지 조성을 하게 되었습니다. 이 터는 부모님 세상 떠나신 후에 일본의 큰아버지께서 마련해 주신 가족묘지의 한 자락입니다. 위로는 증조할머니와 작은할아버지를 모시고 그 밑으로 부모님을 이장하여 모실 수 있게 되어 우리 형제들은 비로소 안도와 감사한 마음으로 추모합니다.

사실은 또 걱정이 있었답니다. 이장을 계획하고 준비하는 와중에 가족묘지 아래로 도로가 확장된다는 소식이 들려 바짝 긴장이 되었습니다. 오랜 세월 벼르고 기다려온 큰 행사였습니다. 도로를 확장하면 가족묘지의 터가 편입되게 되었으니 걱정이 많았습니다. 그런데 바로 옆 구역에 독립유공자의 묘지가 있기 때문에 건너편으로 도로확장이 결정되었다니 참으로 다행입니다. 햇볕이 잘 들어 아늑하고 교통편이 좋은 이곳에 모셔 놓고 보니 비로소 푸근하고 안심이 됩니다.

생전에 저희 오남매 교육 때문에 먼 거리에서 따로 떨어져 생활하시느라 단란한 생활 제대로 못하신 아버지 어머니께 불효한 저희들 송구합니다. 전근을 자주 다니시는 아버지 직업의 특성상 어쩔 수 없는 사정이며 우리들의 교육 때문에 치러야만 했던 희생이 너무 크다는 걸 잘 알고 있습니다. 그런 현실은 어머니의 머리에 늘 버거운 짐 보따리 떠날 날이 없었고 아버지는 어머니 손길을 그리워해야만 했습니다.

지금 우리들에게 부모님 삶처럼 살라고 하면 살아가지 못합니다. 오로지 자식 위해 헌신하신 부모님! 아버지께서는 일본에 계시는 조부모님과 7남매의 형제들과도 이산의 아픔으로 늘 외로워 하셨는데 오늘날까지 어머니와 별리의 서러움을 겪게 해 드렸으니 우리의 불효가 참으로 송구합니다.

어머니와 일찍이 사별하신 후 남은 동생들 뒷바라지에 혼신을 다 하시고 당신의 안락을 위한 세월 맞이하지 못하신 채 유명을 달리 하셨으니 안타까운 마음 금할 수 없습니다.

저의 여고시절, 아버지와 단칸방 자취생활을 같이 하던 때가 생각납니다. 앉은 책상 앞 벽에 도연명의 '시간을 아껴 쓰라 세월은 사람을 기다리지 않는다.' 는 글귀를 붙여놓고 실천하시던 일이며 아버지의 애송시가 떠오릅니다.

'산 너머 저쪽 행복이 있다고 사람들은 말 하네/ 산 너머 저쪽 행복을 찾아갔다가 눈물만 머금고 돌아 왔다네' 카를 붓세의 시를 좋아하셨던 아버지께서는 철저하게 엄격하셨지만 가슴 속에는 그처럼 감성의 샘을 소유한 분이라는 걸 뒤늦게 깨달았습니다. 지금 생각해 보면 그 시절 대부분 가난에 목이 말랐던 때, 남을 부러워하거나 처한 환경을 탓하지 말고 꿋꿋하게 열심히 하라는 시사가 아닌가 생각합니다.

아버지 어머니의 큰 사랑과 희생을 무엇으로 보답하겠습니까. 저희들은 부모님만큼 내리사랑마저도 따라 갈 수가 없습니다. 변명 같아 죄송하지만 우리들 생활터전이 잡히기 전에 효도 한 번도 할 수 없는 부모님과의 이별은 사무친 그리움을 넘어서 한으로 남았습니다.

특히 우리 자매들은 친정에 가는 여인들이 얼마나 부러웠는지 모릅니다. 외가에서 느끼는 할아버지 할머니의 사랑을 추억하지 못하는 우리 아이들이 가여웠습니다.

떠나신지 오래 되었지만 멀리서 걸어오는 비슷한 연배의 닮은 사람을 보고 소스라치게 놀랄 때가 많았습니다. 때로는 꿈속에서 부모님과 밥상에 둘러앉아 밥을 먹는 모습이 보이다가 닿을 수 없는 희미한 그림자로 멀어져 갔습니다.

이제 더위도 한풀 꺾이고 추석이 다가옵니다. 가족묘지에 함께 하시니 성묘 오는 친척들도 만나시게 되어 든든하고 반가울 것입니다. 특히 저는 시댁의 선영과 가까운 곳에 계시니 더욱 자주 뵐 것입니다.

아버지 어머니!

오늘 비로소 함께 모시는 합분 상석위에 우리의 정성을 차려놓고 절을 올립니다. 생전에 효도한번 하지 못한 저희들이지만 용서해 주시고 잘 지켜 주시리라 믿습니다.

부모님의 바람대로 동생들은 모두 잘 성장해서 탄탄하고 건강한 삶을 누리고 있습니다. 이 또한 부모님의 음덕입니다. 저마다 일가를 이루어 부모님 떠나실 때 식구의 몇 배로 불어났습니다.

부모님의 사랑과 희생이 헛되지 않게 열심히 살아갈 다짐을 다시 한 번 가슴에 새깁니다.비록 다른 세상이지만 우리들의 가슴속에 영원히 살아계시는 아버지! 어머니! 회한과 근심은 부려놓으시고 편안히 쉬세요. 사랑하고 존경합니다.

정해 년丁亥年의 봄

올해는 2007년 돼지띠, 정해 년이다. 새로운 한 해를 맞는 기분이 남 다른 것은 내가 정해 년생이기 때문이다.

나는 산세가 아름다운 지금의 합천댐으로 수몰된 마을, 외가에서 태어났다. 춘삼월 강남 갔던 제비가 돌아오는 삼월 삼짇날, 만물이 약동하는 봄이 한창일 때 나를 낳으신 어머니는 꽃다운 열아홉 살 새댁이었다. 출산의 기쁨보다 마을 여인네들의 꽃놀이가 부러웠다고 생일이면 곧잘 말씀 하시곤 했다.

그 무렵 농촌에서는 한창 춘궁기에 해당되는 계절이었을 것이다. 골짜기에 꽁꽁 얼어붙은 동장군이 물러가면 황강의 맑은 물소리가 힘차게 흐르고 온 산과 들에 꽃 덤불이 봄을 물들이면 열아홉 새댁의 가슴이 어찌 설레지 않았을까. 혹독한 추위를 견디고 찾아온 봄의 환희로움. 아낙들은 봄나들이가 연중행사처럼 기다려졌을 것이다.

그 당시의 조혼으로 나와 연령차이가 없던 어머니와 동행할 때면 자매 같다는 말을 많이 듣고 자랐다. 밑으로 네 명의 동생을 두었지만 맏이인 나에 대한 사랑이 각별하셨는데 아마 첫 정이라서 더 그랬는지 모른다.

할아버지를 따라 온가족이 일본으로 이주하신 아버지는 히로시마에서 상업학교를 마치고 해방직전에 경성(서울)에 직장을 얻어 홀로 귀국하셨다. 제대로 정착도 하지 않은 무렵, 바로 해방을 맞은 아버지의 운명은 이산의 아픔으로 이어졌다.

부모님 그리고 칠남매나 되는 대가족과 하루아침에 왕래할 수 없는 혈혈단신 외로운 처지가 되었다. 새로운 직장으로 경찰에 투신하신 아버지의 첫 부임지가 외가가 있는 나의 출생지이며 주변의 주선으로 어머니와 결혼하시게 되었다.

한 푼 가진 것 없이 시작한 부모님은 우리 오남매를 키워 교육시키느라 언제 한번 허리 펴실 날 없었다. 내 생일 무렵이면 봄나물이 흔해서 바구니를 들고 쑥을 캐러 봄 들녘을 친구들과 다녔는데 봄 타지 않도록 해마다 쑥떡을 해 주시곤 했다.

내가 결혼하여 첫아이 출산을 한지 몇 개월 되지 않았을 때였다. 큰 동생이 대학 재학 중에 군 입대를 한다고 다녀가라는 연락이 왔다. 백일이 지난 외손녀의 포대기며 아기용품을 가득 사서 안겨 주신 것을 마지막으로 어머니는 우리 곁을 영원히 떠나셨다. 아침까지도 식구들 배웅까지 하신 어머니는 고혈압으로 쓰러지신 후 타계 하시고 말았다. 마흔다섯 창창한 어머니의 별세는 청천벽력과도 같은 것이었다.

그때 남동생은 논산훈련소에서 훈련병으로 있으므로 충격을 우려하신 아버지는 어머니의 부음을 알리지도 못하고 장례를 마쳤다. 군 입대 하는 아들과 차창으로 멀어져갈 때 눈물진 손을 흔들던 어머니의 모습만이 선연한 남동생은 뒤늦은 타전으로 달려와 잔디 듬성듬성한 봉분 앞에서 믿을 수가 없다며 통곡했다.

안주인 없는 어려운 가정을 꾸려 가시는 아버지의 외로움을 누가 대신해 주겠는가. 어려운 역경을 딛고 동생들을 홀로 장성시킨 아버지의 여생도 어머니 가신지 8년여 세월이 전부, 운명하실 때의 연세도 겨우 58세였다. 처음에는 어머니가 사무치도록 그립고 동생들이 가여워서 흘린 눈물이 강을 이루었지만 정작 아버지가 세상 떠나셨을 때는 어머니 때보다 더 한 절규가 우리들의 가슴을 무너뜨렸다.

공무원의 박봉으로 상처하여 홀로 자식 뒷바라지에 당신의 안락을 위해서는 지갑 한번 열지 못하시던 아버지의 생애를 생각하면 그 연민을 어디에 비할 수 있을까. 그나마 아버지 계실 때 남동생 둘은 성혼을 시켰지만 아래로 덩그러니 여동생 둘이 남게 되었으니 고아가 따로 없이 안쓰러운 마음은 말할 수 없었다.

동생들은 열악한 환경에도 각자의 가정을 이루어 저마다 맡은 분야에서 우뚝 선 오늘이 있기까지 옆 돌아볼 여유 없이 앞만 보고 달려왔다. 탄탄한 기반을 잡고 잘 살고 있는 지금, 한없이 가상하고 고마운 일이다. 기댈 곳 없는 동생들은 스스로 일어서려는 강한 의지와 남다른 노력이 있었겠지만 생전에 높은 교육열과 피땀으로 길러주신 부모님의 희생, 그 토양이 있었기에 가능했다고 생각한다.

고령화 시대에 환갑이라면 나이 들었다고 생각지 않는 건 통념이 되었지만 정해 년을 맞고 보니 60년을 산 것은 부모님을 비교하면 오래 산 것이다. 여느 때 생일처럼 무심하게 생각했는데 동생들이 부부 해외여행을 다녀오라며 과분한 축하 봉투를 안겨주었다. 뜻밖의 일이라 고맙기도 하고 당혹스럽기도 했다. 부모님은 환갑도 맞지 못하고 돌아가셨는데 축하한다는 한 목소리가 민망스럽기도 했다. 지금 부모님이 생존하셔도 연세가 그리 많지 않아서 한창 누리실 생이다.

우리부부는 동생들의 성원으로 가까운 중국의 북경. 장가계로 여행을 떠났다. 어머니 나를 낳으시느라 꽃놀이도 못 가셨지만 갑년을 맞은 나는 여행하기 좋은 계절 덕을 톡톡히 보게 된 것이다. 북경시내에 들어서니 온통 가로수가 회화나무 신록이다. 달리는 거리마다 회화나무가 반겨주었다. 알고 보니 회화나무가 북경의 시목이라 저토록 많이 가꾸어 숲을 이루었나 보다. 규모도 웅장한 자금성과 만리장성을 돌아보고 천자산 국립공원의 장가계 관광이 시작되었다. 부딪히는 사람이 한국 사람이다. 자연이 빚어 낸 선물이라기엔 믿기지 않는 풍광이 우리의 탄성을 자아내게 했다. 불쑥 불쑥 높이 솟아오른 바위봉우리들이 흡사 조각하여 세운 돌기둥 같은 기기묘묘한 산수화가 눈앞에 펼쳐지는데 마냥 감탄할 따름이었다. 코스별로 관광자원을 개발한 중국의 저력이 대단하다는걸 느끼게 했다.

처음 시작되는 보봉호에 배를 타러 골짜기를 오를 때 가마꾼들이 줄지어 서 있는 모습을 보고 장애자를 위한 편의도 철저하게 서비스가 되어있구나 싶어 놀라웠다. 그런데 천자산 꼭대기 그 높은 곳에까지 가마꾼들이 노약자인 할머니 할아버지를 태우고 같이 움직이는 이채로운 모습이 가는 곳 마다 보였다. 연로하신 부모님을 모시고 휠체어와 가마를 번갈아 태워가며 천하절경을 보여 드리려는 자녀들의 효심에 그저 숙연할 따름이었다. 우리 부모님께 구경 시켜 드릴 수 없는 박복한 운명과 회한이 문득 문득 가슴을 치며 지나갔다.

깎아지른 듯 양쪽 바위 위에 걸쳐 건너기도 아찔한 천하제일교에서 우리 부부는 기념사진도 찍고 자연이 빚어낸 거대한 돌

죽순이 솟아올라 사열하고 서 있는 비경을 지척에서 바라보며 가슴 서늘한 스릴도 맛보았다.

중국의 산야에도 꽃이 흐드러지게 피어 우리를 반기는 춘삼월, 부모님에 대한 그리움이 밀물처럼 밀려왔다. 이국의 풍경들을 동행하며 즐기는 그들이 여느 때 느끼지 못한 부러움이 배가 되었다. 여행을 즐기는 순간에도 부모님 생각을 하면 오늘날 우리 세대는 과분한 호사를 누린다는 자괴감으로 뭉클하고 효도할 기회조차 앗아가 버린 억울함이 솟구쳐 올랐다. 꽃다운 젊음을 자식위해 다 바치고 한때 보시지 못한 부모님의 생애가 너무 안타깝다.

우리는 우와!우와!를 연발하며 세계에서 제일 길다는 천 길 낭떠러지 절벽에 붙여 조성한 백룡 엘리베이트도 타고 세계 제일 긴 케이블카로 천문산에 올라 날이 선 듯한 999계단 위, 러시아의 제트기가 지나갔다는 산봉우리가 동굴이 된 정상까지 올랐다. 우리보다 약간 계절이 앞서 가는지 케이블카를 타고 오르는 천문산 아래 자귀나무 꽃이 흐드러지게 피었다.

"낳아주시고 길러 주신 은혜 무엇으로 보답 하리. 나무가 잠잠하게 있으려하나 바람이 가만히 있지 않고 섬기려 하나 부모님은 기다려 주지 않는다." 노신의 말이 가슴을 때리며 지나갔다. 평균 수명이 늘어나서 오래 사는 사람이 저리도 많은데 유달리 부모님이 그리운 봄이다. 첫 딸을 낳고 산후 조리에 꽃놀이도 못

가시게 한 불효를 어떻게 할 수가 없다. 그러나 대자연의 섭리는 정해 년에도 어김없이 봄을 선사했다.

60년의 세월은 역사적으로 많은 변화와 격동을 겪었지만 눈부신 경제발전도 이루었다. 너무 일찍 우리 곁을 떠나신 부모님에 비하면 첨단의 문화혜택을 누릴 수 있는 환경에서 살고 있는 오늘날이다. 그러나 정신적으로 얼마나 풍요로운지 그리고 행복지수는 얼마나 높은지 반문하지 않을 수 없다. 내 생애에 다시 정해 년을 맞이할 수 없겠지만 돌아오는 정해 년의 봄에는 부모님을 모시고 천하절경을 관광하는 행복한 꿈이라도 꾸고 싶다.

새해 아침 광안대교를 만나다

대학생이 된 서울의 조카아이 두 명이 기차여행권으로 남도 투어의 마지막 기착지인 부산에 들렀다. 여동생으로부터 딸아이들이 도착할 것이라는 연락을 받은 터라 오후부터 기다리고 있는데 여수에서 출발하여 진주를 거쳐 오다 보니 늦은 밤, 여독에 지친 모습이 역력하다. 지난해 여름방학에는 한 달 동안 유럽여행도 함께 다녀오고 늘 붙어 다니는 우애 있고 다정한 자매들이다. 나란히 배낭을 메고 무거운 카메라를 들고 들어서는데 풋풋한 청춘의 열정이 느껴졌다.

샤워를 마치고 따뜻한 식사와 뜨거운 커피로 몸을 녹인 아이들이 다음날 계획의 첫 번째 코스로 '해운대와 광안리' 그 다음날은 '남포동거리와 자갈치', '태종대'라고 했다. 또래는 아니지만 그래도 젊은 언니 오빠와 함께 가는 것이 좋겠다고 생각해서 나는 사양했더니 이구동성 이모도 같이 가자고 졸랐다.

우리 가족들이 총 출동했다. 아들과 며느리 손자와 딸들, 특히 첫돌을 지난 아기를 데리고 바닷가에 나들이 하는 일이 처음이라 신선하고 설렘이 한층 더 했다. 아직 바닷가는 엄두도 내지 못했는데 아들 내외가 한사코 같이 동행하고 싶어 했다. 더구나 광안대교의 밤풍경을 보고 싶다는 서울 손님에 맞춰 안내하려니 오후에 해운대 바닷가에서 놀다가 저녁식사를 하고 광안리로 가야 할 것 같았다.

모처럼 부산에 온 동생들에게 해산물 요리를 대접하고 싶은 큰 딸이 뷔페 음식점을 예약하려니 토요일이어서 식당마다 만석 예약으로 쉽지 않았다. 가까스로 한 곳에 예약을 했지만 경기가 어렵다는 요즘, 그나마 해운대가 관광특구라는 예외는 있구나 하는 생각이 들었다.

해운대 바닷가에는 예상보다 훨씬 많은 사람들이 삼삼오오 모여 있기도 하고 아이들을 데리고 나온 젊은 부부들이 많이 나와 있었다. 우리 아이들이 손바닥에 놓은 과자를 갈매기들이 물고 날아가는 백사장의 놀이를 보는 것은 오래만에 보는 풍경이다. 파도는 잔잔하고 바다의 물색도 더 푸른데, 아기를 둘러싸고 갈

매기들과 어울려 노는 유쾌한 웃음소리가 바람을 타고 흩날렸다. 그동안 추위에 움츠리고 있었는데 어느새 바다에는 봄의 기운이 성큼 다가와 있었다.

아이들이 어렸을 때, 여름이면 해마다 해운대 해수욕장을 찾아왔다. 수박이며 김밥을 싸 들고 물놀이하기에 안전하고 편리한 비치파라솔을 잡느라 부산을 떨었던 계절의 행사였는데 수영복을 입고 물놀이 한 것이 까마득하기만 하다.

어둠이 내려앉을 무렵, 우리들은 저녁식사를 끝내자마자 광안리로 향해 달렸다. 광안대교에 올라서니 제일먼저 현란한 불빛이 눈에 들어왔다. 광활한 바다 위를 재빠르게 배가 아닌 자동차가 건너간다. 자동차로 광안대교를 달릴 때 마다 나에게는 남다른 애상이 있다.

광안대교 개통식이 있던 2003년 1월 1일 새벽, 친한 지인 부부와 함께 일출을 보러 나섰다. 첫 지하철을 타고 서면역에 도착하니 흡사 전시를 방불케 하는 도저히 환승을 할 수 없는 북새통이 되고 있었다. 문도 열지 않고 그대로 통과해 버리는 이변에 역방향으로 타고 가서 돌아오는데 간신히 끼어서 벡스코 앞에 당도했다.

광안대교 입구에 들어서자 또 다시 놀라운 광경이 펼쳐졌다. 차가 없는 다리 위에 몰린 인파들이 빼곡히 난간을 다 차지하고 서서 웅성거리며 일출을 기다리고 있었다. 이곳저곳 빈틈을 찾느라 우리는 정신없이 헤매고 다녔다. 새해 일출의 감동을 추스를 겨를도 없이 해가 떠오르자 인파의 물결이 이동을 시작했다. 인파에 휩쓸려 한걸음씩 발길을 옮기는데 한겨울 아침에 마주 불어오는 세찬 바닷바람을 안고 걸어가는 길이 가도 가도 끝없이 멀고멀었다.

우리 부산의 새로운 명물로 그 편익과 소통의 대교로만 알았을 뿐, 그 길이에 대한 정보는 몰랐기 때문이다. 차가 없는 다리 위를 걷지 않고는 어쩔 수 없는 한기와 배고픔을 견디며 광안리 바닷가 식당 앞에 닿았다. 한참을 또 줄을 서서 기다렸다. 평소보다 웃돈을 받고 주는 해장국으로 춥고 노곤한 몸을 녹이고 나니 한결 기운이 솟았다. 집으로 돌아가기에는 시간이 아깝다며 금련산을 넘어서 황령산까지 등산을 하자고 하는데 우리 일행은 평소에도 틈만 나면 산행을 즐겨하고 걷기를 좋아해서 만장일치로 동의했다.

새벽에 광안대교를 시작으로 황령산 정상까지 하루 종일 10시간 정도 걷고 하산한 시간이 늦은 오후, 나중에 안 사실이지만 광안대교는 총연장길이가 7.42km나 되는 긴 다리였다. 그 무렵, 나는 암 진단을 받고 수술을 앞두고 있었다. 수술 전 첫 번째 약물치료인 항암을 하고 며칠 지났을 때, 별반 다른 지장이 없는 것 같아서 동참했던 무모한 용기 때문에 그 후에 치른 대가는 참으로 혹독했다. 지금도 달리는 자동차로 순식간에 통행하다 보면 그때 걸었던 거리나 구간이 맞는지 의심이 갈 정도다.

광안리 바닷가 백사장에 내려선 아이들은 탄성을 질렀다. 바다위에 나래를 접고 살짝 내려앉은 모습으로 화려한 불빛을 한껏 뽐내는 광안대교가 손에 닿을 듯 눈이 부시다. 저마다 포즈를 취하며 연신 교대로 카메라셔터를 누르는데 싸늘한 밤공기에 아랑곳 않는 젊음이 부러웠다. 광안리 바닷가는 활기가 넘치고 낭만이 있지만 광안대교와 어우러져 더 한층 사랑받는 밤풍경으로 발돋움했다.

지난달, 여수 엑스포를 다녀왔다. 박람회장으로 가는 길목에서 제일먼저 새로운 다리가 우리를 안내했다. 바다를 가로 지르는 긴 다리는 이순신대교다. 우리나라의 다리가 헤일 수 없이 많지만 모두 지명을 따서 명명했고 다리의 명칭 때문에 지역끼리의 갈등과 분쟁이 잦게 일어나는 걸 보아왔다. 과연 해양엑스포를 준비한 여수시의 참신성이 돋보이기도 했다.

어느 도시든 건축물이나 다리며 거리 하나에도 역사성과 상징성을 불어넣는다면 살아 숨 쉬는 생동감으로 다가오지 않을까. 아직 완공이 덜 되어 공사를 하고 있는 중이었지만 이름값을 톡톡히 하겠다는 반가운 생각이 들었다.

며칠 전, TV의 명화극장에서 오랜만에 '메디슨카운티의 나리'를 보았다. 박람회로 가족들이 모두 떠나고 난 빈 집을 지키던 중년부인과 다리의 사진을 찍기 위해 찾아온 사진기자와 나흘간의 사랑 이야기다. 다리가 있는 곳을 물으며 인연이 된 두 사람, 크린트이스트우드와 메릴스트립의 원숙한 연기와 나무로 만든 터널식의 소박한 다리가 풀꽃들과 어우러진 목가적인 풍경에 나는 흠씬 빠져들었다.

유럽여행에서 영국의 런던에 도착하여 제일먼저 여행자를 안내한 곳은 템즈 강변이었다. 타워브릿지가 우뚝 선 템즈강은 런던의 상징처럼 느껴졌다. 엊그제 신문에 타워브릿지의 윗 층 난간에 오륜기가 매달려 펄럭이는 사진이 실렸다. 런던올림픽을 홍보하는데도 한몫 단단히 하는 다리의 유명세다.

나는 바다의 도시 부산에 사는 것을 큰 축복이라 생각한다. 수많은 다리가 건설되었지만 광안대교는 새로운 관광명소로 많은 사람들을 불러 모은다. 특히 낭만이 있는 광안리의 밤풍경은 브랜드가치를 드높이는 자랑거리다. 광안대교는 오륙도가 바라보이는 곳으로 해상복층의 길게 뻗은 유려하고 우아한 선의 아름다움이 예술이다.

세월이 가면 광안대교의 개통식에서 처음 만났던 새해의 일출, 발자국과 바닷바람, 한기까지도 나에게는 소중한 스토리텔링이 되지 않을까. 조카가 보내준 사진 속에서 광안대교와 어우러져 또 하나의 밤풍경이 된 가족들이 웃고 있다.

산행 - 황매산-

봄이 오면 진달래, 철쭉꽃이 산을 물들이는 산행코스가 화두로 떠오른다. 근간에 황매철쭉이라는 산꾼들의 소개를 여러 번 신문지상으로 보아왔다. 다른 지방의 산에 대한 기대나 호기심에 정작 고향산은 관심을 갖지 못했는데 나의 제안으로 봄 산행코스로 합천의 황매산 산행을 결행하게 되었다.

자주 가는 고향이지만 황매산 산행으로 가는 길은 고향 떠나온 후 처음 있는 일이다. 주말 곧잘 일행이 되어 산을 찾는 다섯 명이 승용차를 이용하게 되었다.

황매산의 진면목이 알려진 것은 그리 오래되지 않았다. 우리가 자랄 땐 원시림의 깊은 골짜기와 기암괴석들이 너무 장엄하게 느껴져 정상에는 오를 엄두를 내지 못했다. 그 때의 기억으로는 엄청나게 높은 산이며 신령스러워 그 정기를 받고 살고 있다는 믿음을 갖고 있을 뿐이었다.

특히 합천이라면 산은 매화산, 가야산이요 해인사의 명성에 가려 찾는 사람이 적었는데 83년 군립 공원으로 지정돼 영암사지 뒤편으로 등산로가 개설되고 대병면 하금리까지 연결되어 전국의 등산객들이 찾게 되었다고 한다.

황매산이 품고 있는 사찰인 보물 영암사지를 거치지 않고 가회면 둔내리 쪽에서 오르는 길을 택했다. 마침 봄의 절정에 있는 휴일이라 인파의 물결이 온 산을 메웠는데 철쭉군락지 대평원에 올라 서보니 만개한 꽃 덤불에 우리도 꽃물이 들어 황홀경에 빠져 들었다. 그렇잖아도 아침 일찍 출발하여 시장기가 있었는데 철쭉제를 지내는 시간에 때를 맞췄으니 행운이 아닌가. 자연이 차려놓은 꽃 숲을 거느리고 풍물놀이와 제 의식을 치르는데 넉넉하게 차린 제물에 떡을 나누어 주는 훈훈한 인심이 더없이 따뜻하고 정겨웠다. 산 아래로 맑고 잔잔한 합천호가 눈앞에 펼쳐지고 우뚝 선 악견산이 마주하고 기상 넘치게 버티고 있다.

문득 중학교 때 학교 단체로 싸리 씨를 채취하러 갔을 때가 떠올랐다. 곽재우 장군이 왜적과 싸우기 위해 성을 쌓았다는 돌무더기를 넘나들며 오전 내내 고생을 했는데 개구쟁이 후배들이 모아놓은 우리도시락을 먹고 달아나 버려 발을 동동 구르던 시절이 전설처럼 피어올랐다.

바로 가까이 모산재의 아름다운 기암괴석으로 오르는 사람들, 로프를 잡고 줄을 잇고 있는 풍경을 뒤로 하고 정상을 향해 올라갔다. 학교 소풍 때 하금리로 오르는 황매산 초입에서 시원하고 맑은 계곡에서 돌을 들추며 가제를 잡아 올리던 야무진 남자 아이들, 아저씨를 따라 처음 황매산 중턱에 올랐다가 노루가 뛰는 모습에 놀라 둘러쓰고 있던 스카프를 날려 버렸던 일들이 스쳐 지나갔다.

상봉에서 뒤편을 보노라니 산청의 차황면이 보이고 영화세트장이 새로운 명물로 들어앉았다. 이제 나의 기억 속에 자리하고 있던 이 산은 옛 산이 아니라 세상에 찌든 때를 씻기 위해 찾아오는 사람들을 품어 주느라 심한 몸살을 앓고 있다. 한참을 숨 가쁜 바위산 봉우리를 오르다 보니 사람들은 봄이 펼쳐놓은 철쭉꽃 잔치만 보고 모두 하산해 버리고 인적이 드문 초행길이 무리인 것 같아서 슬그머니 걱정이 앞섰다.

하봉, 중봉, 상봉(1.108m)의 세 봉우리를 오르는데 날씨는 오후의 더위라 천근만근의 다리가 힘이 드는 게 만만치 않은 코스였다. 철저하게 준비도 하지 않고 고향의 산이라 예사롭게 생각한 것이 큰 착오였다. 리본이 달려있는 숲이 울창한 좁은 산길을 한없이 걷노라니 타는 입만 나누어 축였지만 물도 바닥이 나고 걸음은 재촉하지 않으면 해가 기울게 생겼다.

하산하는 지점에 외사촌 동생이 차를 대기시켜 놓고 기다리고 있겠다는 약속을 하고 시작한 산행인데 하금리로 하산하는 지점을 놓치고 길을 잘못 든 것인지 가도 가도 다른 하산길이 나오는 것이다. 깊은 산속이라 휴대폰 연결도 안 되고 무조건 아래로 향해 여섯 시간을 넘게 걷노라니 드디어 거대한 호수가 보이고 대병면 소재지가 있는 마을로 내려오는 길이 열렸다. 봄날의 긴 해가 서산에 걸리는 무렵이었으니 말은 하지 않아도 낭패가 아닐 수 없었다.

산 너머에서(하금리) 차를 대기시켜 놓고 기다리던 동생이 시간이 지나도 내려오지 않아 걱정되어 다시 우리가 내려오는 소재지 쪽으로 와서 정황을 알아보고 있는 중이었다. 자동차를 그곳에 두고 갔으니 혹시나 하고…….

우리일행은 무사히 내려오게 되어 안도의 숨을 몰아쉬었다. 땀이 범벅이 되고 허기져 지쳐있는 우리 일행을 위해 미리 준비해서 차려놓은 '잉어찜' 요리를 외가에서 대접받던 그 때의 기분을 어떻게 표현할 수가 없다. 종일 걸어 지친 다리로 부산까지 차를 몰아야 하는 이유 때문에 안주 좋은 술 한 잔 놓친 아쉬움을 얘기하던 남편에게 지금도 미안한 마음을 금할 수가 없다.

고생한 만큼 보람도 있었던 우리 일행들, 합천호를 따라 사열하듯 반가이 맞이하는 눈부신 벚꽃의 잔치가 끝나면 이어지는 황매산의 철쭉이 펼치는 봄의 향연, 다시 가라면 아슬아슬한 삼봉 등정은 어려울 것 같아서 더욱 소중한 추억이다.

여름, 그 집에 가고 싶다

여름 무더위가 기승을 부리더니 8월 폭염이 만만치 않다. 도시의 사람들이 바다로 계곡으로 피서를 떠나는 계절. 배롱나무 꽃이 흐드러지게 피어나는 때다.

의령의 자굴산으로 이어진 한우산寒雨山은 산이 깊고 수목이 울창하여 시원하기가 겨울에 내리는 찬비와 같다고 해서 붙여진 이름이라고 한다. 산 아래 골짜기 벽계수원지 둘레에 한 폭의 그림처럼 배롱나무 꽃집이 자리하고 있다.

몇 해 전 우리 부부모임에서 여름 나들이로 배롱나무 꽃집을 찾아 갔다. 오래 전 부터 배롱나무 꽃 이야기를 들어 온 터라 기대하고 있던 때, 마침 L씨의 이종형님 되시는 주인께서 '한우리' 회원들을 초대해 주셨다.

처음 그 곳에 갔을 때. 물결 잔잔한 저수지를 끼고 군락으로 들어찬 배롱나무가 고운 꽃무리 숲으로 하늘을 가려 터널을 이루고 있었다. 여름의 절정에서 펼치는 꽃의 향연을 만난 우리 일행들은 일제히 탄성을 쏟아냈다. 배롱나무 숲이 에워싼 낮은 외딴집, 그 뒤에는 숨은 듯 정자 한 채가 고담한 분위기를 자아내는데 현판에 새겨진 이름이 '청금정聽琴亭'이다. 자연과 더불어 거문고 소리를 들으며 학문과 풍류를 즐겼을 옛 선인들의 멋이 오롯이 느껴졌다.

아담한 전통 건축양식을 갖추고 조금 위로 떨어진 곳에 재실까지 갖춘 유교적인 반가의 풍모를 엿볼 수 있었는데 선조들께선 식견지명이 탁월하신 분들이라는 생각이 들었다. 대대로 살아온 본래의 마을 사람들은 저수지로 수몰이 되어 뿔뿔이 떠나갔다고 한다. 본가는 선조들께서 일찍이 선영의 가족 묘지가 있는 산 아래로 재실과 정자, 둘레에 수호신처럼 수많은 배롱나무를 심어 가꾸었으니 얼핏 보면 섬처럼 남은 이 터에 옮겨 살게 된 것이다. 자녀들은 분가하여 모두 떠나고 고향을 지키려는 종손의 의지가 고스란히 배어있는 종가다.

정자를 감싸고 있는 돌담 위에는 싱그러운 담쟁이가 타고 오른다. 그 사이로 능소화가 피어나는 한여름, 사방은 고요하고 한

가로운 산촌의 정자에 짐을 푼다. 마음까지 풀어 놓는다. 저수지를 가로 지르는 가느다란 다리가 마주 보이는 꽃그늘 평상에서, 조촐한 우리들의 잔치를 펼치노라면 더위도 잊은 채 분위기는 무르익는다. 물가를 향해 뻗어난 배롱나무 꽃 만발한 나뭇가지들이 물 위에 그림자로 떠 있는 풍경, 그 여흥까지 아름다웠던지 다리를 건너가던 사람들이 우리를 향해 사진을 찍는 색다른 모습을 보이기도 한다.

폭이 좁은 다리가 종일 몸살을 앓을 정도로 내왕하는 차량이 폭주하지만 어둠이 내려앉은 산골의 밤하늘에 달이 뜨면 줄이어 산책을 나서는 우리들도 또 하나의 풍경이 된다. 정자에서는 바둑, 장기 대신 열띤 고스톱 판이 벌어지고, 한 잔 술에 목청껏 부르는 가곡으로 어우러지면 산촌의 정적을 깨우며 여름밤은 깊어간다.

배롱나무는 해마다 허물을 벗는다고 하는데 7월말부터 10월에 이르기 까지 오래 핀다고 해서 백일홍이라는 이름으로도 불려 지는가 보다. 구불구불하게 자라나는 나무줄기 수피를 긁으면 나뭇잎이 흔들린다고 하여 간지럼나무 라는 별칭이 있는데 볼수록 그 자태에 마음이 끌린다.

왠지 영험이 있을 것 같은 단단하고 믿음이 가는 나무다. 봄꽃들이 지고 나면 우거진 녹음사이로 어느 고장을 가도 흐드러지게 피워내는 아름다운 빛깔의 꽃무리를 보노라면 여름 더위에 지친 심신을 진정 시키는 맑고 순후한 기운을 느끼게 해준다.

배롱나무 꽃놀이에 흠씬 취한 우리 일행들이 돌아오는 길에 들릴 수 있는 '일봉사' 절은 이 청정한 골짜기가 안겨주는 보너스다. 주상 절리를 이룬 봉황산 아래 '일봉사' 절이 아늑하게 자리 잡고 있다. 동굴 속에 부처님 모신 대웅전이 특이하고 그 시원함이 인공으로 조성한 높은 빙벽의 폭포수와 더불어 더위를 식혀준다.

일봉 선사의 부도며 좌선대가 그 자취를 말해 주는데 그 이전에는 신라의 성덕사라 불리었다고 한다. 백제와의 대접전이 있을 때 어소가 머물던 곳이라 하여 궁유면宮柳面이라는 지명이 되었다는 설이 전해지고 있다. 일봉사에는 다른 지역보다 일찍이 노인요양원을 설립, 운영하고 있었다. 처음 예상한 노인들의 수명을 훨씬 연장하는 기현상으로 수지면에서 운영난이 생길 정도라니 오염되지 않은 골짜기의 자연환경이 얼마나 청정한지 짐작할 수 있다.

지금은 잘 트인 도로망으로 교통수단이 좋아졌지만 예전에는 첩첩산골이었다고 한다. 소박하고 선량하게 살아가는 이 골짜기에도 예기치 않은, 온 나라를 경악케 한 사건이 있었다.

1982년 봄, '우순경 총기사건'은 평화로운 마을을 순식간에 아비규환의 도가니로 몰고 간 희대의 참극이 일어난 아픈 역사가 있는 곳이기도 하다. 동거녀와의 사소한 감정에서 우발적으로 총을 난사하여 아무런 연유도 없는 주민 56명이 살해되고 34명이 부상을 입었다고 한다, 그 순간은 전쟁터를 방불케 했다는데 배롱나무집 주인께선 본 고장의 면장을 지내신 분으로 당시의 현장을 생생하게 목격하셨다고 한다. 눈앞에 총알이 난무하는 위험했던 순간은 기억하기도 끔찍한 충격적인 사건이라고 회고 하셨다.

지난해 여름, 우리 몇몇 지인들 끼리 세 번째로 백일홍 집에 갈 기회를 가졌다. 8월에 들어서자 안부 전화를 드리면서 "배롱나무 꽃이 많이 피었습니까?" "지금 한창입니다. 놀러 오세요." 잔뜩 궁금했던 배롱나무 안부까지 듣고는 반가움에 기다렸다는 듯 1박2일의 짐을 챙겼다.

몇 년 사이 벽계계곡으로 들어가는 차량을 통제할 정도로 수많은 인파들이 몰려들었다. 방갈로와 야영장이 조성된 새로운 유원지로 변모했는데 사람의 발자국만큼 자연은 생채기가 남는다는 걸 느꼈다.

끈기 있게 피워내는 배롱나무 꽃은 여전히 봉실봉실 피어나고 꽃비가 되어 흩날리는 장관을 연출하고 있었다. 수변에 늘어진 나뭇가지가 물을 향해 너무 뻗어나 전지를 해서 꽃이 덜 핀 것 같다고 했지만 아름드리나무라 꽃그늘이 창창했다.

많은 가축 식구를 거느리고 유기농으로 가꾼 텃밭의 고추며 가지, 오이, 호박 같은 친환경농산물을 생산하는 자급자족의 참 살이가 부러운 배롱나무 집이다. 일흔 살을 훨씬 넘겼다고는 믿기지 않는 기상이며 올곧은 선비의 기품을 잃지 않고 건강한 노후를 가꾸어 가시는 삶 자체가 본이 되는 분으로 많은 귀감이 되었다. 돌아올 때는 귀한 먹을거리, 갖가지 채소를 나누어 주시는 후덕한 인심에 신선한 감동이 한 아름이다.

오래된 목조건물인 정자 '청금정'은 화재에 취약하고 관리가 힘들어 군지정문화재로 등록될 예정이라고 한다. 반들거리는 마루판이 투박하지만 나뭇결이 살아서 더욱 아름다운 것은 구석구석 안주인의 정갈한 손길이 배어있기 때문이다. '청금정'에서 듣는 바람소리와 물소리, 새소리, 풀벌레소리, 그 자연의 소리가 바로 거문고 소리 같다는 생각이 든다. 너무 빠르게 변화하는 이 시대에 고즈넉한 정자와 더불어 배롱나무 집이 오래 보존 되었으면 하는 바람을 가져본다.

올해도 무더운 8월이다. 배롱나무 꽃 숲 아래 물그림자를 차고 뛰어 오르는 물고기와 꽃잎이 피고 지는 아름다운 풍경이 아련하게 떠오른다. 늙은 배롱나무가 베푸는 너른 품의 꽃향기에 젖어보고 싶은 이 여름, 그 집에 가고 싶다.

노인 병동에서

아버님께서 입원하고 계시는 병원에는 노인들만 30여명 침상을 차지하고 있는 호스피스 병동이다. 대여섯 분 할아버지와 대부분이 할머니들인데 거동이 불편해서 간병이 필요하거나 치매 때문에 24시간 보호를 받아야 하는 노인 환자가 입원해 있다.

처음 아버님 입원을 상담할 당시에는 건강이 조금 회복되면 집으로 모시고 올 계획을 하고 병원에 모시게 되었다. 병원생활에 적응하기 위해서 당분간 가족 문병을 자제해 달라는 병원 측의 부탁이 있었지만 환자의 모범적인 면모를 지켜본 후에 자주 들러도 되겠다는 허락을 받았다.

집에서는 수시로 간식도 하고 입맛에 맞는 식단을 장만하지만 병원에서는 그럴 수 없는 사정이다. 평소에 식욕이 남다르게 좋으신 분이라 즐기시는 반찬이나 보양식을 갈 때 마다 조금씩 갖다 나르곤 했다. 가능하면 얼굴 뵙고 오는 것 보다는 식사 수발을 해 드리려고 그 시간에 맞추어서 간다. 병원에 갈 때마다 음식을 들고 가니 아버님도 기대를 하게 되고 또 그에 따른 준비를 해서 가게 된다.

어느 날, 병원에 들어서는데 간호사가 집에서 자꾸 다른 음식을 해 오려면 집으로 모시고 가라는 것이었다. 가만히 누워서 기동을 못하는 환자에게 기름진 음식을 드리니 설사 같은 배설 문제로 곤욕을 치른다고 했다. 특히 체중이 감당하기 어려워 목욕이나 다른 이동시에도 힘이 든다는 설명이었다. 누워있는 환자는 기초 내사에 필요한 칼로리만 섭취하면 되고 비만이 되면 다른 합병증을 유발할 수 있으므로 체중을 줄여야 한다는 설명이었다.

올해로 아흔이신 아버님은 건강관리를 잘 하셔서, 새벽 등산을 빠지지 않고 다니실 만큼 체력이 좋으셨던 분이다. 진단에 의하면 원인불명의 노인성 질환인데 심폐기능이 아주 강하게 타고나신 분이라고 했다. 다만 하반신의 기능이 조절되지 않아서 대소변을 가리지 못하시므로 가만히 누워 생활 하시다 보니 다리도 굳어지고 기억력이 떨어져 스스로 할 수 있는 일이 없게 된 것이다. 그나마 식사는 놓치지 않고 잘 하시므로 연명에는 별다른 지장이 없다는 의사선생님의 소견이다.

조강지처와 사별 후 재혼하셔서 단란한 생활을 하셨는데 새어머니의 급작스런 사고사로 그 충격과 외로움이 크게 작용했으리라 짐작된다. 혼자 독실을 사용하는 것도 아니고 여러 사람 한 방을 같이 하는 환자끼리 한마디 말씀을 않으시니 언어를 잊어버리는 장애가 올 수 있다는 생각이 든다. 병실에 들릴 때마다 느끼지만 대부분 환자 가족들이 자주 안 오기 때문에(개인적인 사정이 있겠지만) 같은 방 환자들의 눈치를 의식할 때가 많다. 우리는 집에서 가까운 거리에 있고 시간도 허락되기 때문에 자주 문병을 가므로 위화감을 조성한다는 오해를 받을까봐 늘 조심하면서 아버님을 보살핀다. 환자 개인마다 병증이 다른데 간식거리도 함부로 허락 없이 나누어 드리기 어려우니 더욱 그러하다.

옆 침대의 배씨 할아버지는 일흔이 갓 넘으신 분이다. 눈은 감은 채 듣지도 말씀도 못하시는 식물 상태로 보이지만 식사 시간이 되면 올려놓은 식판을 툭툭 치시는데 용케도 국물에 밥을 말아 떠 넣어 드리면 받아 잡숫는다. 생존을 위한 본능일까. 올려진 침대에 웅크리고 계신 모습은 흡사 깡마른 석고상 같아서 너무 애처롭다. 3년 전에 할아버지를 입원시킨 후 가족들이 호적마저 정리하고 행방을 감추었으니 아무것도 모르는 지금의 상태가 차라리 다행인지 모른다. 온전한 정신으로 오지 않는 가족을 애타게 기다리고 그리워한다면 그 또한 못할 짓이다. 낯선 땅에 부모를 모셔놓고 사라졌다는 보도를 들은 적은 있지만 자식은 물론 배우자인 할머니까지도 할아버지를 버렸다고 하니 물신의 노예가 되어가는 이 시대, 우리들 미래의 자화상이 아닐까 하고 마음이 저려왔다.

그런가 하면 부부가 같이 입원해서 남, 여 각방에 떨어져 계시지만 식사 때가 되면 할머니는 어김없이 영감님을 찾아 오셔서 챙기시는 모습을 볼 때면 감동적인 가족 사랑을 엿볼 수 있다.

할아버지들 방에 불쑥 나타나 방뇨를 하거나 바닥을 손바닥으로 쓸어내며 괴성을 지르는 치매 할머니. 말기 암으로 임종을 기다리는 중환자실의 바짝 마른 입술에 눈이 움푹 들어간 할아버지. 그 모습은 남의 일이 아니며 누구에게나 올 수 있는 노령화 사회에서 감당해야 할 심각한 문제이다.

노부모님을 자식들이 극진히 모시고 살 수 있다면 가장 이상적이겠지만 예전처럼 집에서 앓고 계시다가 자연사로 죄후를 맞이하기에는 힘든 세상이 되었다. 환자의 가족은 물론이고 환자 역시 병원의 도움을 받아야 고통을 줄일 수 있으니 시설의 손길을 필요로 한다.

우리나라 평균 수명이 점점 늘어만 가는데 노인 장기요양보험제도가 시행되고 있지만 고루 혜택을 받는 복지국가로 가는 길이 멀다는 걸 느꼈다.

얼마 전. 무심코 병실에 들어섰는데 옆 침대의 시트가 깨끗한 채 비어 있었다. 배씨 할아버지가 며칠 전 소천 하셨다는 간호사의 말에 사랑하는 가족들의 배웅도 받지 못한 쓸쓸함이 마음에 걸렸지만 저 세상에서는 고통 없이 편안하시길 기도하는 마음이다. 비워 둔 독실은 운명이 가까운 노인들의 대기실이라고 할까. 며칠 중환자가 머무는가 하면 병실이 비워지곤 한다. 떠나신 분의 자리에 또 다른 낯선 환자가 들어온 병실에는 여느 때와 같이 침묵이 감 돌 뿐이다.

이 세상에 태어난 모든 생명들은 생자필멸生者必滅, 한번 태어나면 반드시 죽는다. 생로병사生老病死를 어찌 우리 힘으로 피해 갈 수 있겠는가. 우리 모두는 죽음을 향해 하루하루 달려가고 있는 게 아닐까. 다만 천수를 누리다가 자는 듯 눈을 감는 그런 홍복을 꿈꾸지만 범속한 인간의 의지로는 어려운 일이니 노인 요양원이나 전문시설이 많이 늘어야 하는 실정이다.

아버님의 생활공간은 좁은 침대가 전부다. 한 위치로만 체위를 고정하고 누워 계신 탓에 등창이 생겨 치료를 계속하지만 잘 낫지 않는다. 그래도 아픈 데는 없다며 손사래를 치신다. 아버님 병원 생활을 통해서 절실하게 느낀 건 우리의 인체는 계속 움직여 순환이 되게 해 주어야지 어느 부분이라도 편하게 가만히 쉬게 해서는 안 된다는 걸 알았다. 멀쩡하게 걸어 들어가서 침대에만 눕혀놓고 꼼짝 않고 있으면 다리도 굳어지고 머리도 쓰지 않으니 기억력도 없어지고 손도 둔해져서 흡사 기계를 사용하지 않으면 녹이 스는 현상과 같이 되는 게 아닐까. 나이에 알맞게 무리가 가지 않는 운동이야 말로 꼭 필요한 생활의 중요한 부분이라는 생각을 하게 된다.

처음 입원했을 때 운동을 조금씩 병행해 달라는 건의를 했지만 불가능하다는 것이다. 노인의 뼈가 부실한데 잘못 넘어지기라도 하면 골반사고나 치명적인 외상으로 크게 고생할뿐더러 치료나 회복이 어렵다고 했다. 병원시설 또한 따르지 못하고 지금 재정으로는 손길도 미치지 못하는 어려운 실정이라는 것이다. 고액의 병원비를 지불하는 병원을 제외하고는 아직까지 노인병원시설이 미흡한 현실, 장기 입원을 하려면 그 비용이 만만치 않기 때문에 경제적인 어려움이 따른다.

일생에서 유년이나 청년, 장년의 시절도 중요하지만 노년의 삶도 소중할진데 빠른 속도로 다가오는 고령화 사회는 우리 사회가 풀어가야 할 큰 문제라고 생각된다. 치매나 여러 가지 노인성 질환을 치료 해 주는 단순한 수명 연장만으로 생존하는 것은 본인이나 가족들에게 고통만 안겨줄 뿐이다. 노년기 삶의 질을 높이는 사회적인 뒷받침이 필요하다는 걸 병원의 노인 환자들을 지켜보면서 더욱 절실하게 느낀다.

아버님은 규칙적인 식사와 깊은 수면으로 고통을 호소하는 일 없으므로 병원에서도 남다른 예우를 받으시니 고마운 일이다.

입원하신지도 어언 3년여 세월, 퇴원하고 싶은 의중을 간간이 표하시지만 집에서 봉양하지 못하는 불효가 송구할 뿐이다.

끼니를 거르실까 노심초사 영감님을 챙기시던 할머니도 나를 붙들고 "우리 영감 저세상 갔소" 하며 비통해 하시는데 그 사이 여윈 모습이 역력했다.

쩌렁쩌렁 하시던 목소리 간데없이 나날이 쇠잔해 가시는 아버님, 그리고 한 지붕아래 계시는 어르신들의 보이지 않는 희망이 참으로 안타까울 뿐이다. 말똥에 굴러도 이승이 낫다고 했는데 그래도 오늘 살아있다는 것은 축복이려니 깊은 위로의 마음으로 평안을 기원해 본다.

겨울

우리 부부 이야기

우리 부부는 취향이 다르고 개성이 판이하다. 30년을 넘게 살아도 이해할 수 없는 부분이 많은데 단 하나, 산을 좋아하는 공통점이 있다. 휴일 경조사나 집안 행사가 없으면 산행을 한다. 가까운 친구들과 함께하면 즐겁고 부부 동행은 또 편리하고 단출해서 좋다. 일상의 팽팽한 긴장감도 느슨해진 심신도 산의 정기로 순화되고 충전이 되니 자연의 품은 어머니의 약손처럼 신령스럽다고 할까. 산기운에 흠씬 사로잡히는 맛은 산행을 해본 사람만이 느낄 수 있는 매력이다.

계절적으로 산행하기 좋은 10월. 무학산악회 산행은 대둔산이다. 마침 오래전부터 가보고 싶었던 참에 이구동성 좋아 했다. 그러나 산행 예약을 해놓고 우리는 고민에 빠졌다. 지금 남편은 건강이 온전치 못하기 때문이다.

사고를 당한 그날 밤을 떠올리면 지금도 무너지는 가슴을 쓸어내리게 된다. 봄이 한창 무르익던 4월 마지막 날 밤이었다. 다음날 뒷산으로 올라가 부엽토 마련해서 화분갈이도 하고 풍란 모종도 돌에 붙이는 작업을 하자고 잠시 전 까지도 휴대폰 연락이 되었다. 12시가 넘어도 돌아오지 않는 상황이 불안해서 초조하게 아파트 현관문을 들락거렸다. 휴대폰 수신이 끊겼고 예감이 심상치 않았다. 안절부절 시간이 얼마를 지났을까 대학병원 응급실에서 교통사고 사실을 알려왔다.

컨테이너를 싣고 다니는 트레일러에 대형 사고를 당한 남편은 정신을 잃고 말았다. 의사 선생님은 생명에는 지장이 없다는 말로 위로를 했지만 상태가 심상치 않은 건 한눈에 알 수 있었다.

한밤의 순식간에 발생한 엄청난 사건 앞에 차마 울지도 못했다. 대형 트레일러 발통이 오른쪽 손에서 하반신 대각선으로 지나갔으니 짐작이 가고 남을 일이다. 피를 많이 쏟은 뒤라 수혈과 알부민을 동원해서 몇 차례의 수술이 시행되었다. 식사를 떠 넣어 주는 일부터 대소변을 받아내는 일이 여간한 일이 아니었다. 다리에 허벅지까지 오는 통기브스를 하고 있으니 한 번씩 들어 올리기도 힘이 들었다. 체력보강을 위해서 보양식을 자주해 날

라야 하니 간병하는 일이 쉽지 않았다. 치료하는 간간이 또 몇 차례의 수술이 있었다. 수술실 밖에서 가슴을 조이며 초조하게 기다리고 있을 때, 나의 상실감이 이렇게 큰데 본인의 고통은 어떠했을까. 그러나 사고 후 남편은 절망하거나 비관하는 모습을 한 번도 내비친 적이 없었다. 위기를 딛고 일어서려는 강인한 의지력은 지켜보는 사람들을 놀라게 하였다. 휠체어에 의지하던 힘든 날을 거쳐 목발을 짚고 걸었을 때, 목발을 거두고 홀로 섰을 때의 감격을 잊을 수가 없다.

현대 의술의 위력을 믿고 완전한 몸으로 거듭나길 기원했지만 안타깝게도 몇 부분의 장애를 안고 2년여의 긴 병실 생활을 끝내고 우리의 보금자리로 돌아왔다. 퇴원은 했지만 정작 후유증에 대한 치료 또한 중요한 일이어서 물리치료는 물론 운동하는 일을 게을리 할 수가 없었다. 평지를 걷는 운동도 힘에 겨워 진땀을 흘리지만 점차 산길을 오르며 아픔을 딛고 일어서야 하는 인고의 날이 시작 된 것이다 목욕과 약수터 산행을 병행하는 일을 생활화하게 되었다.

걸을 수 있을까 과연 산에도 오를 수 있을까 막막하던 때를 생각해 보면 얼마나 감사하고 다행한 일인지 모른다. 약수터 까지 겨우 오르던 산행을 한 봉우리 더 넘어서 대신동 꽃동네까지 가는 실험을 하던 날 시간은 건강할 때의 배가 걸렸지만 우리는 개선장군처럼 기뻐하였다. 그 후 조금씩 향상되어가는 체력으로 승학산이나 약수터를 거쳐 꽃동네 구덕산까지는 만만하게 가는 코스가 되었다.

걷는 속도나 보폭의 차이로 회원들께 폐가 되지 않을까 하는 우려가 앞섰지만 대둔산 안내에서 케이블카가 있다는 설명이 우리에게 설득력 있는 용기가 되었다. 만일 낙오자가 되면 케이블카를 타고 내려오면 되겠다는 작정을 하고.

무학산악회 버스에 탑승하고 보니 2년6개월 만의 가을 여행이다. 풍경을 지우며 달리는 버스 안에서 동기는 물론 낯익은 선후배님들을 만나는 남편의 상기된 얼굴을 곁에서 바라보는 나의 가슴이 뭉클 했다. 정신무장을 단단히 하고 배티재로 오르는 초입에 들어서자 만만치 않은 오르막 코스가 시작되었다. 계속 치고 올라가는 가파른 산등성이 산행인파가 많이도 몰렸다. 순서대로 올라야 통과되는 좁은 오솔길이라 절로 정체가 되었다. 혹시라도 발을 헛디디기라도 하면 어쩌나 노심초사, 그래도 한사코 따라 붙으려고 안간힘이다. 그나마 정체가 되는 덕을 톡톡히 보는 셈이다. 천천히 숨 고르며 오를 수가 있었다.

힘찬 사람들은 빨리 올라가서 구간마다 과일도 먹고 물도 마시는데 우리는 숨돌릴만하면 저만치 달아나니 남편은 땀이 비오듯 쏟아져 내리고 나도 덩달아 숨이 턱에 찬다. 산의 어깨를 타고 한참을 오르니 기다려지는 점심식사는 낙조대에서 한다기에 한시름 놓고 즐기는 시간. 어려운 고비는 넘긴 것 같았다. 저 멀리 보이는 정상까지는 능선을 돌아서 비스듬하게 가는 코스라 힘이 덜할 것 같았다. 아무래도 내려가는 길이 더 위험하기 때문에 하산 길은 케이블카를 이용하자고 하였다. 정상으로 가는 길은 부대끼고 설키며 천신만고 끝에 마천대(878m)에 올랐다. 낙오되지 않으려고 안간힘 쓰고 앞사람 꽁무니만 바라보고 기를 쓰고 따라 오르느라 산의 모습이나 풍광에 대한 감상을 할 경황이 없었다.

개척탑이 우뚝 선 마천대에 발을 딛고 산세를 바라보니 기암괴석과 어우러진 단풍의 물결이 너무 아름다워 가슴이 벅차올랐다. 화강암이 솟아오른 수많은 봉우리들, 그 아래로 케이블카가 미끄러져 내려가고 있다.

사방으로 뻗은 바위 능선 울창한 단풍 숲이 오색으로 자아내는 대둔산. 벼랑 끝으로 금강구름다리가 그림처럼 출렁이고 있다. 상큼한 바람결이 감미로운 가을 산에 매료된 우리는 무언의 눈빛으로 결의를 다졌다. 집안 대소가, 그리고 우리 둘레의 지인들로부터 따뜻한 격려와 많은 도움을 받았다. 87세이신 아버님이 생존해 계시고 많은 분들께 신세진 빚도 갚아야 한다. 때문에 주저앉을 수가 없다. 그리고 다시 뛰어갈 수 있어야 한다.

정상에 오른 감동을 추스를 사이도 없이 우리는 하산 길을 걱정해야했다. 골짜기 너덜겅으로 채워진 내리막길이 위험하고 멀기도 해서 케이블카를 타기로 하고 매표소에서 표를 샀다. 한참을 기다리다 물어보니 우리 차례는 2시간 정도 기다려야 한다니 예상이 빗나간 것이다. 등산이 아닌 일반 관광으로 온 사람들이 케이블카를 타고 구름다리를 지나 다시 내려가는 단풍놀이의 절정에 있는 이날 휴일은 인파로 산이 몸살을 앓을 지경이다. 난감한 일이다. 그때 내려가면 버스출발 시간이 훨씬 지나서 기다릴 수가 없었다.

표를 반환하고 서둘러 걸어 내려가기로 했다. 빨리 가면 40분 정도 걸린다고 하니 우리는 1시간 정도로 생각하고 하산 길에 들어섰다. 예상한대로 위험하기는 오를 때 보다 훨씬 더 했다. 가파른 경사에다가 골 바닥은 온통 너덜경으로 울퉁불퉁, 핀이 박힌 무릎이 유연하지 못해 엎어지면 큰일이다. 스틱을 짚을 때 마다 조심조심, 연신 땀을 쏟아내며 있는 힘을 다해 내려오긴 했지만 우리에겐 길고 먼 험난한 코스였다. 버스 정유소에 들어서서 겨우 안도의 숨을 쉬고 80명이나 되는 회원들이 우리 때문에 차질이 생길까 조마조마하던 마음을 놓으니 시름을 떨쳐버린 기분이었다.

돌아오는 차안에서 동기회원인 K씨가 마이크를 잡고 오늘 인간 승리의 한 사람으로 남편을 소개하였다. 사고 당시의 부상 정도와 장애 상태를 잘 알고 있는 그가 크게 놀란 것은 당연한 일인지도 모른다. 다리의 보존마저 위태롭던 고통과 절망, 뼈를 깎는 아픔을 딛고 남편은 다시 일어섰다. 선후배님의 박수를 받으며 고마운 인사말씀을 올리는 남편을 바라보는 순간 눈시울이 뜨거워졌다.

10월 대둔산 산행은 남편에겐 큰 모험이며 도전이었다. 본인의 의지로서 한 단계 성숙하는 계기가 되었음은 오로지 동문 산악회라는 조직의 애정 어린 배려가 있었기 때문이라고 생각한다.

산의 맥박이 뛰는 듯 기백 넘치게 솟아오른 바위산, 그 치열했던 산행 일기는 우리에게 추억이 되어 아름답게 새겨지고 있다.

뜨락이 있는 집

마른 나뭇가지에 물이 오르면 하루가 다르게 푸른 기운으로 깨어나는 숲. 오리나무가 수술을 달고 제일 먼저 봄을 알리면 덩달아 진달래가 꽃망울을 터뜨리고 시샘이라도 하듯 벚꽃이 벙그러진다. 따사로운 햇살에 단비라도 가세하면 연두 빛 물감을 뿌려가며 수채화를 그려낸 듯 한 이 그림은 멀리 가지 않아도 우리 거실에서 볼 수 있는 풍경이다.

이사 오기 전 이 집을 보고 나는 한눈에 마음을 빼앗겼다. 녹음 우거진 초여름. 아파트 9층 베란다 앞에 조망되는 울창한 숲이 나를 사로잡았다. 아파트 앞에 우뚝 선 산의 높은 곳에는 소나무가 군락을 이루고 남향으로 난 창 가까이 짙푸른 잡목 숲이 어우러져 있었다. 뒤편 주방의 작은 창으로 멀리 승학산과 시약산 봉우리가 보이는 곳. 창문만 열어젖히면 숲의 정기를 흠씬 맛볼 수 있는 이 집은 너른 뜨락을 갖춘 집이었다.

사람이 내왕할 수 없는 숲이니 조용하고 가꾸지 않아도 사철 지켜 볼 수 있는, 도심 가까이 이만한 친자연환경아파트가 쉽지 않다며 우리는 이사를 결심했다.

돌산을 깎아 지은 아파트라 비탈진 오르막길을 올라오는 수고는 해야 하는 단점은 있었지만 전에 살던 평지의 아파트보다 청정한 공기와 너른 뜨락이 충분한 보상을 해 줄 것 같았다. 집은 위치가 중요하기 때문에 투자 가치에 맞지 않는다는 이견도 있었지만 그런 조건을 배재한 채 처서가 지날 무렵 우리는 이사를 했다.

온갖 유실수를 심고 아름다운 꽃나무로 단장한 아담한 전원주택. 흙을 만지고 꽃씨를 뿌릴 수 있는 뜨락이 있는 집은 우리에게 요원한 꿈이었다. 그나마 아파트 9층에 살면서 저 너른 숲을 공짜로 차지하고 혜택을 누리게 되었으니 우리는 금세 부자가 된 것 같았다.

새들의 울음소리에 새벽이 열리고 아침부터 매미는 목청이 터져라 합창을 한다. 깍깍대며 들락거리는 까치 둥지를 가까이서 보는 재미로 하루는 시작된다.

추석 무렵이었던 것 같다. 간밤에 세찬 바람이 숲을 흔들던 기상 이변이 있었다. 아파트에도 정전이 되고 창문을 잘 닫고 주의하라는 경고 방송이 있던 날. 태풍 매미가 몰아 닥쳤다. 숲에서도 간밤에 무슨 일이 있을 것 같은 우려가 다음날 아침에 확인 되었다. 나뭇가지가 꺾이고 잎이 무수히 떨어져 나갔다. 자세히 살펴보니 까치둥지가 흔적도 없이 사라져 버렸다.

사람에게 집을 지으려면 터가 중요하듯이 까치에게도 둥지를 지을 나무는 신중하게 선택할 것이다. 겉으로 보기에는 얼기설기 엮은 둥지지만 까치들이 짓는 집은 건축사의 솜씨라 할까. 출입문은 자로 재어서 설계한 것처럼 정확한 규격이며 그 위치의 높고 낮음도 그해 기상을 예견해서 짓는다는 새 박사의 말을 들은 적이 있다. 인명과 재산 피해가 엄청난 매미의 위력 앞에 까치둥지가 무슨 힘이 있을까. 그 자리가 늘 눈에 밟히는 까닭은 숲의 한 울타리 안에서 어느새 정이 들었기 때문이리라

사월에 들어서면 나날이 연초록 숲의 향기가 온 집안까지 봄으로 물들인다. 이때부터 우리 집 창문은 자주 열리고 뜨락의 진가는 빛을 발한다.

연보라 빛 등꽃이 벼랑을 타고 아직 잎이 돋지 않은 아카시아 나무를 휘감고 탐스런 자태를 한껏 뽐내며 숲에 어우러지는 자연의 아름다움을 일상에서 만나는 기쁨이 있어 행복하다.

찬란한 5월, 윤기 나는 신록이 짙어 가면 늦은 아카시아 잎이 움트고 연이어 주저리 꽃송이가 피기 시작한다. 봄의 절정에 펼쳐지는 아카시아 꽃의 향연은 그야말로 우리 집 뜨락의 백미라고 할 수 있다.

나는 일 년 중 이때를 가장 좋아한다. 거실 창문 바로 앞 가까이 자리하고 있는 몇 그루 아카시아 나무가 풀어내는 향기는 나를 매료시킨다. 흐드러지게 핀 꽃을 우리끼리만 향유하기엔 너무 아쉬워 꽃잎이 떨어지기 전에 다정한 지인들을 차례로 초대하고 싶어진다.

봄나물에 구수한 된장찌개와 상추쌈을 곁들인 소박한 점심상에 둘러앉아 꽃향기를 배경으로 하면 계절의 미각은 더 한층 살아난다.

아카시아 꽃이 피기 시작하면 어김없이 찾아오는 뻐꾸기, 장난을 맞주듯 울며 등장하는 반가운 숲속의 식구다. 짙어가는 녹색의 변화만큼 새들의 지저귐은 더욱 요란하다. 비 내리면 나래를 접고 있다가 잠시라도 개이면 숲이 울리도록 지저귄다. 새소리도 다양해서 이름을 짐작키 어렵지만 다양한 식구들을 품고 거느리는 숲은 위대하다는 생각이 든다. 애벌레를 키우고 많은 생명체와 공생하면서 번식의 전략으로 꽃도 피우는 숲은 그래서 건강하다고 한다.

적막을 깨고 밤에 우는 새는 외로워서 우는 것일까. 슬프고 애절하게 밤이 깊어 가도록 혼자서 운다. 산봉우리에 걸린 달빛이 비치는 밤이면 더욱 처량하게 들리는 밤새의 울음. 그 새의 이름은 무엇일까.

뻐꾸기 울음에 익숙해지는 여름 한낮. 무리지어 나는 고추잠자리들의 부산한 역사는 장관을 이룬다. 기다렸다는 듯 찌르레기들의 비행 사냥은 치열하다. 먹이 사슬에서 살아남으려는 잠자리 떼의 몸부림을 보며 작은 숲의 공간에서도 약육강식은 자연의 질서에 필요한가 보다.

산란철인지 올봄 유난히 까치 떼의 울음이 극성스럽다. 둥지를 트는 것인지 숲이 짙어 보이지 않아 알 수가 없어 궁금하다. 홰를 치며 울어재끼는 장끼의 울음소리도 무더운 여름 한낮의 나른함을 깨우고 간다. 녹음이 지친 여름, 쏟아지는 장대비를 바라보며 차 한 잔을 마시는 즐거움은 나의 정신을 윤택하게 하고 여유롭게 하는 소중한 일상이다.

모든 만남이 그렇겠지만 사는 동네나 집에도 특별한 인연이 있는 것 같다. 건강이 좋지 않았던 그 무렵 이사 계획이나 엄두를 낼 여유가 없었는데 우연한 기회가 우리를 움직이게 하였다. 만일 겨울철에 집을 보러 왔다면 쉽게 선택하지 않았을지 모른다.

산을 마주하고 있는 높은 지대, 무녀의 휘파람소리 같은 세찬 바람이 꼭 닫은 창문을 두드리는 음산한 분위기가 망설이게 했을지도 모른다. 가을이면 단풍이 들고 겨울이면 모진 바람도 견디어 내는 나목으로 새봄을 꿈꾸는 자연의 순환을 지켜보면서 올해로 벌써 네 번째의 봄을 맞이했다.

귀갓길에 시장 본 짐이라도 들고 올라올 때 오르막길의 힘겨움도 집안에 들어서서 창문을 활짝 열면 숲의 향기와 바람결이 더없이 달게 느껴지는 청량감, 그것은 나를 건강하게 해주는 뜨락이 있기 때문일 것이다.

언덕배기 올라앉은 아파트가 무슨 가치가 있을까. 남들이 물정에 어둡다고 웃을지도 모를 일이다. 지하철과 대중교통편이 바로 아래 지척에 있으니 불편하지 않고 너른 뜨락은 덤으로 차지하는 것이니 수지가 맞지 않은 건 아니라는 자부심으로 나는 우리 집에 대한 애정과 찬사를 아끼지 않으련다.

몰운대 연가

숲 속 객사 앞 벤치에서 나누던
우리들 이야기가
5월 돌배나무에 주렁주렁 전설로 매달렸어요

눈부신 봄날이
이리도 서러운 것은

생전에 사랑한다는 말
한 번도 못해 본 후회 때문입니까

여생에 씨줄 날줄 짜던 미완의
무늬들은 조각으로 남기고 떠난
무시로 찾아와 거닐던 몰운대
저 무성한 숲길을 따라 아스라이 추억으로 물들이며
노을이 된 당신

박경리 선생님을 추모하며

올해 부산 문인협회의 봄철 문학기행 코스는 통영이다. 마침 박경리 선생님 3주기 추모제에도 참석하는 1박2일의 여정이 더욱 뜻깊은 일이라 반가움이 앞섰다. 예전 같으면 통영 가는 길도 꽤 시간이 소요 되었는데 새로 개통된 거가대교가 거리를 단축하는데 단단히 한 몫 하는 명물로 부상해 있다. 바다위에서 또 수심 깊은 바다 속으로 달리는 우리 일행을 재빠르게 안내한다. 신록이 눈부신 5월. 통영 남방산을 오르는 숲길 동백꽃도 우리를 반겨주고 쪽빛 바다 잔잔한, 날씨도 쾌청하고 싱그럽다.

'박경리 선생님의 생애와 통영' 이라는 명제로 김정자 교수님의 문학세미나가 시민문화회관에서 있었다. '토지'의 작가로 그 명성은 알고 있었지만 향리에서의 선생님 재조명은 많은 자극과 감동을 불러일으켰다. 선생님의 생명존중 사상이며 강한 민족의식을 엿볼 수 있었고 한 순간도 문학에 대한 투혼을 느슨하게 한 적이 없는 치열한 삶의 자취가 존경을 넘어 경이로웠다.

1968년 8월에 시작하여 1994년8월 25년간의 자기차단 속에서 3만장이 넘는 원고매수로 대하소설 '토지'가 완성되었다고 하는데 긴 호흡과 열정, 그 에너지에 절로 감탄이 나온다.

특히, 예술가에게 가장 요구되는 상상력은 놀라우리만치 탁월하고 천부적이란 생각이 들었다. 한 번도 가 본적이 없는 하동 평사리를 실제와 흡사하게 묘사할 수 있었던 것도, 몇 개의 한반도 지도와 상상력이 전부였다니 믿기지 않은 사실이었다. 우리나라도 아닌 연변의 간도지방도 창작 이후에 갔을 때 거의 비슷했다고 하니 그 분별과 예지력에 어찌 놀라지 않을 수 있을까.

선생님이 타계하시고 몇 개월 후. 원주가 아닌 고향 통영에 유택이 마련되었다는 보도에 몇 분의 지인과 함께 산양면 미륵산 기슭에 자리한 묘지를 찾아간 적이 있다. 멀리 바다가 바라보이는 아름다운 숲속에 잔디만 덮인 단출한 봉분 앞에서 고개 숙여 선생님의 명복을 빌었다.

선생님의 기념사업에 필요한 땅은 소유주의 후의로 확보되었고 기초공사인 진입로 공사를 하고 있는 중이라고 했다. 그때는 묘지 둘레에 어떤 새로운 환경이 조성 될까 그 풍경을 그려보고 기대를 하면서 양지 바른 아늑한 명당이라는 인상만 남기고 왔었다.

그런데 어느새 선생님 3주기가 되어 다시 들어서니 새로운 문학공간으로 몰라보게 단장되어 있다. 유명한 문인을 많이 배출한 통영이 지방의 예술문화에 대한 공을 많이 들이는 흔적이 돋보인다. 초입에는 아담하고 멋진 기념관을 중심으로 시비가 있는 잔디밭과 어우러져 꽃길이 조성되어 우리들을 반기며 환호한다. 산자락으로 오르는 나무계단이 운치 있고 새순이 파릇파릇 어린 감나무 십 수 그루가 선생님 묘지를 에워싸고 있다. 아담한 봉분 앞에 상석이 놓였고 그 앞에 추모하는 많은 사람들의 국화꽃 헌화가 이어졌다.

시 관세사, 통영 문인대표의 추모사에 이어 우리 부산문인의 추모시낭독이 있었다. 유족으로는 선생님의 외동따님인 김영주 씨가 답례를 했는데 기념사업에 대한 협조와 성의에 대한 내용이었지만 왠지 가슴이 저려 왔다.

오매불망 딸자식을 위해서 낯설고 새로운 터, 원주에서 자리 잡고 텃밭을 가꾸며 집필에 몰두한 생활사며 애환, 그 원초적인 어머니의 사랑이 유난히 애틋하게 느껴지는 것은 같은 여자이기 때문일까. 추모제를 마치고 통영문인협회에서 준비한 난들에서 먹는 점심 맛은 물론이고 도시락용기도 칠기 자개의 고장다운 색다른 성의와 인심이 더 없이 신선했다.

통영의 바닷가 해안도로 시장골목을 지나고 언덕배기 골짜기 동피랑에도 올라가 본다. 오래전에 읽었던 소설 '김약국의 딸들'에서 간창골 ,서문고개, 대밭골, 첫개포구 같은 지명과 통영사람들의 소소한 일상들이 떠오른다.

김약국과 어머니 한실 댁 사이에 아들 없이 딸만 다섯, 어느 딸 하나도 행복한 삶을 이루어 내지 못한 채 가세는 기울고 가족이 해체되어 가는 과정이 읽는 마음을 안타깝게 하였다. 그 무렵 소설의 주제가 '권선징악'을 바탕으로 하는 보편적인 내용이 많아서 그랬던지 여성의 피해의식 같은 아쉬운 여운이 있었던 것 같다. 어쩌면 그 시대의 여인들은 숙명처럼 살다가 그 흔적으로 남는 건 몸부림치는 작은 울림뿐이었을까.

대부분의 남자들이 바다에 나가서 생선 배나 찔러먹고 이 고장의 조아하고 거친 풍경 속에서 그처럼 섬세하고 탐미적인 수공업이 발달되었다는 것은 좀 이상한 일이다. 바닷빛이 고운 탓이었는지도 모른다. 노오란 유자가 무르익고 타는 듯 한 붉은 동백꽃이 피는 청명한 기후 탓이었는지도 모른다. 그 소설에서 통영을 묘사한 선생님은 아름다운 고향의 자연환경을 끔찍이 아끼고 추억한 것 같다.

일찍이 해저터널이 있는 통영은 '동양의 나폴리' 며 예향의 도시라고 할 만큼 사람이 모이고 살기 좋은 고장이라 했다. 더구나 이순신장군의 얼이 살아 숨 쉬는 유적과 승전보의 큰 발자취는 앞 바다에 당당하게 떠 있는 거북선이 대변해 주고 있다. 그 기운은 통영의 자긍심이요 충효의 근간이기도 하다.

질 좋은 해산물이 풍부하고 해풍으로 자란 갖가지 채소며 별난 먹을거리로 특히 장보기를 좋아하는 여자들에게 더 각광받는 관광명소로 알려져 있다.

지난해 봄, 이맘때도 이곳을 왔었다. 미륵산 등산으로 정상에 오른 그 아래에는 케이블카가 그림처럼 오르내리고 있었다. 바위와 어우러진 만개한 진달래와 멀리 한려수도의 아름다운 풍광이 펼쳐지는데, 바다 빛깔과 산의 정기에 빠져 들어 모두들 행복해 했다. 내려오는 길에 단아한 절 '미래사'에서 목을 축이고 편백나무 숲길을 걷는 상큼한 기분에 상기되어 발걸음이 가벼워졌다. 산 아래 끄트머리에 들어앉은 용화사에도 참배 하면서, 박경리 선생님의 소설에도 나왔던 절이라 어릴 때 어머니 치마자락을 잡고 자주 따라 온 절인가 하는 생각이 들었다.

유방암 수술 후 가슴에 붕대를 친친 감은채로 원고지를 써 내려가는 투혼이며 산더미처럼 쌓인 원고지 앞에서의 사진은 가슴을 때리는 잔영이 되어 오래도록 남을 것 같다. 그리고 수없이 많은 파지도 내었을 작가의 고통과 희열을 헤아려 보기도 했다.

단문의 글쓰기도 집중하는데 소진되는 체력과 눈의 피로가 늘 버거워서 쩔쩔매는 나는 마냥 부끄러워 자책할 따름이다. 이번 문학기행에서 얻은 자양분은 박토인 나의 글밭을 한층 기름지게 해 줄 것 같다.

시인 유치환, 김상옥, 김춘수선생님과 더불어 박경리 선생님의 삶과 문학 업적이 고스란히 녹아 있는 바다가 아름다운 통영. 문학의 향기에 흠씬 젖어 든 봄날의 그 기운으로 좋은 글쓰기에 매진할 수 있기를 소망해 본다.

박경리 선생님! 부디 모든 시름 내려놓으시고 편히 쉬소서. 명복을 빕니다.

대만 기행

고구마 같은 지형으로 우리나라의 제주도와 경상북도를 합친 정도의 작은 섬나라 대만. 습기가 많고 기온이 높아서 가로수의 나무들도 선연한 빛깔을 띠지 않고 색이 바래고 지친 모습의 아열대성 기후다.

거리에 쏟아져 나온 오토바이 행렬이 제일 먼저 이방인을 놀라게 하는 풍경 타이베이. 여행자를 가장 먼저 이끄는 곳은 세계 3대 박물관 중의 하나인 고궁박물관이다. 중요한 전시관만 둘러보는데도 많은 시간이 걸리는 엄청난 유물들이 탄성을 자아내게 한다.

대만의 초대 총통인 장개석(국민당)이 마오쩌뚱의 공산당에 의해 쫓겨 나오면서 함께 가지고 나온 진귀한 유물들이 이곳에 모두 보관되어 있다. 8년 전쟁을 치르면서 72만점의 유물을 보관해 왔다고 하는데 도무지 믿기지 않을 일이다. 8만점씩 교대로 전시하며 5천년 역사의 중국황실 컬렉션 중 최고의 것만 엄선했다고 한다. 이 중 15cm 안팎의 공 안에 또 다른 작은 공 17개가 차례대로 들어앉은 '상아 공' 조각의 정교함과 그 예술의 극치로 많은 사람들의 눈길을 사로잡았다. 여러 개의 조각으로 구성된 것 같은데 1개의 상아가 끊어짐도 없이 세밀하게 조각되어 있다. 더구나 3대에 걸쳐 완성한 작품이라니 놀라울 뿐이다.

올리브 씨의 염주, 작은 과일 씨 하나에도 그토록 섬세하게 새긴 노자가 소를 타고 있는가 하면 피리를 불고 있는 모습. 해독작용을 한다는 코뿔소로 만든 '술잔'이며 상아조각의 '찬합'은 4대에 걸쳐 완성한 장님의 작품이라는데 믿기지 않은 고대의 산물이다.

특히 '세계에서 가장 비싼 배추'는 비취로 조각한 한포기의 배추 잎 위에 벌레 두 마리, 메뚜기와 여치가 앉아있는 정교한 조각이다. 명나라 장인의 솜씨라고 한다. 고궁박물관의 유물에서 특징적이라면 아주 작은 소품 하나라도 너무 섬세하고 정교해서 중국인들의 장인들 손재주는 세기를 뛰어넘는 가히 신적이라 말하고 싶다.

무당들이 점을 칠 때 가장 먼저 사용했다는 '갑골문자', 풍만한 육체에 발이 작아야 하는 '당나라 미인상'은 요즘 세대들에겐 고개가 갸웃거릴 모습을 하고 섰다. 송나라 위종황제의 희귀 도자기 연꽃모양 '여요', 그 비색과 아름다움은 이루 말할 수가 없었다.

나를 놀라게 한 또 하나의 유물로는 서태후가 앞에 놓고 사용했다는 냉병풍이다. 48개의 비취조각으로 만들었는데 그 진가는 상상을 초월한다고 한다. 옥이나 비취가 황실의 보신용으로 많이 사용됐다는 걸 엿볼 수 있었다. 그 병풍은 나를 황홀경에 빠져들게 한 충격적인 황실의 보물이다. 전시물의 3분의2가 서예라고 하는데 중국의 유명한 대가들 글씨가 전시관을 장식해서 더욱 돋보이게 했다.

동양자수로 된 병풍이며 글씨로 된 액자, 그리고 그림은 자수를 놓아서 한 작품이라고 믿기 어려울 정도로 정교해서 손으로 만져 확인 해 보고 싶을 정도이다.

우선 대만 여행에서 고궁 박물관 한 곳에만 관람해도 그지 눈이 놀라고 입이 떡 벌어진다. 그 당시의 다산이나 환생을 염원하여 죽은 자의 입에 매미를 물린다는 매미조각, 복을 부른다는 박쥐가 독특하다.

작고 섬세한 조각들과 놀라운 유물. 눈에 담고 머리에 새겨 넣기 부산한데 머리 식힐 수 있는 자연의 비경이 우리의 발걸음을 이끈다. 1 시간가량의 거리에 있는 '야류해상공원'이다.

길옹시 제2항구도시에 수 천 년에 걸쳐 용암과 풍화작용에 의해 형성된 수많은 바위들의 기기묘묘한 모습들이 어우러져 있는 예술조각 전시장 같은 곳, 자연이 빚어낸 작품이라기엔 참으로 오묘하다. 이집트의 네페르티티 여왕을 닮았다는 바위며 여자의 음경같이 생긴 기이한 바위 등, 푸른 해안절경과 어우러져 더위를 식혀준다.

23만평의 중정기념관은 세계의 화교들이 돈을 모아 건립했다니 민족의 저력을 다시 실감케 하는 곳이다. 장개석이 90세 때 심장마비로 세상을 떠났는데 유엔이 인정한 5성 장군이며 손문과는 스승이자 동서간이기도 한 장개석의 집무실 안 시계는 11시50분에 멈추어있었다. 링컨의 동상보다 큰 동상을 세웠으며 대만에서는 그가 연설한 10월 25일을 광복절로 기념하고 있다.

대리석 광산으로 유명한 화리엔(花蓮)에는 대리석 공장이 국영으로 운영되는데 지진 다발지역으로 태풍이 꼭 지나가므로 낮은 건물로 지었다고 한다. 주변 산의 대리석을 다 캐려면 100년이 더 걸리는데 대리석 안에는 원석만 해도 네 가지가 되며 귀한 비취나 옥까지 선별해서 엄청난 수익을 낸다고 한다.

태로각 협곡을 개발하면서 대리석이 떨어져 수 백 명의 사망자가 발생했는데 그들의 넋을 위로하는 장춘사가 들어 서 있었다. 옥빛 물소리 따라 달리는 계곡에 흠씬 젖어 연자구, 동굴, 용소, 수많은 기암괴석을 만나는 즐거움도 놓칠 수 없는 협곡은 동방의 그랜드캐년이라 불리고 있다. 대부분 고산족들이고 18개 시중에서 가장 큰 도시지만 인구는 50만명을 웃도는 정도며 고무나무 가로수가 이색적이다.

화리엔으로 오는 기차를 장시간 타고 오면서 에어컨 작동이 너무 강해서 겉옷을 껴입어도 감기에 걸리게 되었으니 무덥고 습한 날씨 때문에 어쩔 수 없다는 그곳 기후에 고통을 체험하노라니 새삼 우리나라의 사계가 자랑스러워진다.

대만에서는 7월을 귀신 달이라하여 결혼을 안 하는 풍습이 있다고 한다. 250년 전에 건립한 도교사당 '용산사'는 태평양전쟁 중 폭격에도 건재해서 '사당의 기적'이라고 일컬어지고 있으며 용마루와 지붕이 모두 화려한 채색의 도자기로 조각되어 있다. 250 년 전에 기와, 돌을 운반해 와서 사당의 기둥 돌조각은 역사의 조각이라며 길고 굵은 향불을 한 웅큼씩 들고 기원하기 때문에 심한 연기로 근처에 서 있기가 힌든 노릇이다.

사당마다 학업기원, 자녀기원, 재복기원, 모두 따로 되어있고 대만 사람들이 좋아하는 붉은색은 시내 간판에서도 볼 수 있지만 시내 전역에 커피자판기가 없는 것도 우리나라와 다른 점이다. 재력이 있어도 지갑을 잘 열지 않으면서 오늘의 주인이 내일의 세입자가 되는 반복을 할 정도로 도박이 심하다고 하니 그 또한 이해가 안 되는 국민성이다.

우리의 노사분규 때 그들의 경제가 급속도로 발전하여 외화보유고가 높다고 하니 시가지 겉모습과는 다른 실속을 챙기는 야무진 나라인가보다. 중국이 유적보존이라면 대만은 유물보존이라고 할까. 오랜 전쟁에도 그 많은 유물을 보존 관리하고, 세계의 관광객을 불러들이는 저력이야말로 놀라울 따름이다.

우리나라와 가까우면서 진귀한 유물과도 만나 중국의 옛 황실의 자취를 더듬어 보는 신비를 자아내는 대만, 기회가 되면 한 번 더 고궁 박물관에서 천천히 꼼꼼하게 둘러보고 감상할 수 있는 여유를 갖고 싶은 욕심을 가져본다.

해후

동창 친구에게서 뜻밖에 놀랍고 반가운 소식을 들었다. 해마다 음력 9월9일에 친구의 아버지 제사를 모신 세월이 얼마인데 살아 계신다는 말이 도무지 믿기지 않은 일이었다.

친구는 해방이 되던 해 시골의 고향에서 첫 딸로 태어났다. 그 무렵 아버지는 돈을 벌기 위해 집을 떠나신 후로 소식도 없이 생사를 알 수 없는 이별이 되고 말았다. 홀로 남아 딸아이와 시댁가족 을 부양해야 하는 그 어머니 삶의 무게가 어떠했을지는 짐작이 가고도 남을 일이다. 외롭고 힘든 날을 견디며 목숨처럼 키운 딸은 지금 서울에서 행복한 가정을 이루어 잘 살고 있지만 어머니 당신은 애증의 세월이 얼마나 모질었을까.

처음에는 돌아올까 돌아오기만을 기다리던 가족들도 세월이 가면서 차츰 희망의 끈을 놓고 말았다. 이 세상에 없다고 생각한 아버지가 일본 동경에서 고향의 삼촌에게로 연락이 왔다니 그 감격을 무엇으로 표현하겠는가. 반세기를 훌쩍 넘겨 팔순이 된 노부부, 딸과 손자들까지 대가족이 달려가 뜨거운 상봉을 한 모습을 떠올려 보니 한 장면의 드라마 같다는 생각이 들었다.

체념하면서도 운명처럼 다시 만날 날을 꿈꾸며 기다린 것일까. 혹독한 세월을 견뎌 내신 어머니의 생애가 눈물겹도록 애잔하다. 동경에서 뒤늦게 시작한 노후를 신혼처럼 누리시는데 예전에 없던 어머니의 투정이 심하다는 친구의 말에 절로 고개가 끄덕여진다.

모국에 두고 온 처자에 대한 연민과 어쩔 수 없었던 그간의 상황 때문에 고뇌했을 아버지, 마지막으로 선택한 아버지의 결연한 의지로 이루어낸 눈물겨운 해후다. 그나마 어머니의 가슴에 맺힌 한을 풀어 주었으니 여생에 이보다 더한 축복이 있을까 싶다. 늦게나마 아버지를 찾은 친구는 친정나들이로 서울과 동경을 자주 오가며 행복해 했다.

나는 20여 년 전에 일본 큰아버지의 초청을 받고 히로시마에 갔었다. 그때만 해도 가까운 일본을 가는데도 비자는 물론 출국

전에 '자유총연맹'에 가서 일정한 시간의 교육을 이수하고 나가야만 했을 때다.

큰아버지와 큰어머니는 한국을 다녀가셨지만 사촌형제들은 처음 상면하는 자리였다. 일면식도 없는 우리가 할아버지 울타리의 같은 자손이라서 그랬을까. 금세 친해 질 수 있었다. 환영해 주는 사촌의 여러 집을 두루 다니며 바쁘고 행복한 시간을 보냈다.

아픔이 많았던 타국에서의 가족사며 오늘날 안정된 생활의 기반을 위해 갖은 몸부림으로 헤쳐 나온 삶의 자취들을 엿볼 수 있었다. 불편한 언어소통 때문에 깊고 상세한 이야기는 할 수 없었는데 '거류민단계' 큰집식구들 보다 '조총련계' 올케 쪽에서 우리말을 유창하게 하는데 큰 감동을 받았다. 재일교포 사회에서까지 양 편으로 나뉘어서 다른 체제로 교육을 받는다니 조총련 자녀들에게는 철저하게 우리말로 뿌리교육을 시킨다고 하니 차이가 나는 것 같았다.

큰집 사촌들도 우리 집과 같은 오남매라고 알고 있었는데 막내딸이 하나 더 있었다는 사실을 나는 몇 년 전에야 알았다. 그 딸은 같은 시기에 일본으로 이주해서 다른 지역에 살고 있는 아이가 없는 친척집에 입양되어 자랐다고 한다.

육남매 중 막내인 그녀가 북송선北送船에 오른 사실도 그즈음에 알았으니 반공 교육을 받고 자란 나로서는 큰 충격에 휩싸였다. '만경봉호' 가 나의 뇌리를 스치고 지나갔다. '지상낙원'이라고 찬양의 깃발을 흔들며 오른 북송선. 더 나은 풍요로운 땅을 찾아 떠난 사촌 여동생의 안부는 차마 거론도 할 수 없게 되었으니 안타까울 뿐이다.

조총련계 재일교포들과 북한이 한 푼의 재산이라도 환수하려는 속셈과 한명의 재일교포들을 줄이려는 일본의 이해가 맞아떨어진 작품으로 여러 차례의 북송이 있었다고 한다. 수차례의 북송선으로 무려 10만 여명이나 되는 재일교포가 북한으로 건너갔다고 한다. 북송된 재일교포들은 기대했던 낙원이 아니라 폐쇄된 사회에서 궁핍한 생활은 물론 마음대로 돌아올 수도 없는 운명이 되고 말았다.

비참한 생활상을 알게 된 가족들이 처음에는 경제적인 지원을 했지만 세월이 가면서 교류도 끊어지고 그에 대한 언급이나 내색을 하지 않는 잊어야 되는 먼 나라의 사람이 된 동생, 북송선을 타고 간 후로 회한의 가슴을 치며 잠 못 이루었을 큰어머니의 한숨을 헤아릴 수 있을 것 같았다. 이 지구상의 길은 열려있고 어디라도 갈 수 있는 세상인데 살아만 있다면 아무리 멀어도 만날 수가 있다.

유럽여행에서 가장 이채롭고 신기한 것 중에서 국경을 자유롭게 넘어 달리는 교통수단이었다. 영국에서 파리로 갈 때는 유로스타, 그리고 프랑스에서는 떼재배를 타고 스위스로 넘어 가는

가 하면 스위스에서 이탈리아로 갈 때나 오스트리아 독일까지 관광버스를 타고 국경을 넘어 달리는 색다른 풍경이 그저 놀라울 뿐이었다. 그리고 동서로 갈라져 있던 독일만 해도 장벽을 허물고 통일한지도 벌써 많은 세월이 흘렀다.

그런데 우리는 지척에 두고 같은 민족, 하나의 국토 안에서 남북으로 갈라져 혈육을 만날 수 없다니 이보다 기막힌 운명이 어디 있을까. 몇 번의 이산가족 상봉이 있었지만 일부 소수의 선택된 가족들에게만 기회가 돌아갈 뿐 다수의 이산가족에게 풀어줄 한은 누가 대신해 주며 통일은 정말 요원한 것인가.

이념의 노선 때문에 엄청난 갈등으로 소모와 파괴를 일삼는다는 것은 더 이상 파멸만 초래할 뿐이다. 물론 정책적으로 범국가적인 노력이 우선 되어야 하겠지만 '민주평화통일자문회의' 같은 단체에도 적극 참여하여 평화적인 통일의 저변확대에 힘써야 하지 않을까.

우리 민족은 위기가 있을 때 마다 단합과 결속이 탁월하다고 한다. 그러므로 우리는 더욱 관심을 가지고 한 사람 한 사람마다 따뜻한 가슴에 통일의 의지라는 씨앗을 묻고 들불처럼 번져 나가게 해야 할 것이다.

캄보디아 앙코르와트의 여운

우리나라의 겨울이 끝나지 않은 2월이지만 캄보디아의 더위는 여름과 같은 날씨다. 하늘을 찌를 듯 거목의 숲은 자연 그대로 가꾸지 않아서 원시적으로 어느 곳을 가도 나무가 무성하다. 앙코르와트, 그 성전에 들어서면서 건축물의 장엄함에 압도되어 바짝 긴장되는 순간, 정신을 가다듬고 숨 고르기를 해 본다.

수리아바르만2세가 자신의 유해를 안치하고 상징적이며 종교적으로 비슈누 신과 자신을 영원히 동일시 할 수 있는 거대한 소우주의 건축물로 세웠다고 한다. 역사상 가장 번성하고 발달한 왕국을 다스렸다는 앙코르의 주요특징은 방대한 저수지와 운하,

해자 등 인도의 우주론, 우주중심의 산을 둘러싸고 있는 대양의 상징이었다.

다섯 개의 장엄한 봉우리의 중앙탑은 68미터로 수미산을 상징하고 56미터의 작은 탑은 주변의 봉우리를 의미하며, 그 외부는 200미터의 수로로 둘러싸여 있다. 크메르인들의 독자적인 문화와 그들의 우주관, 운하와 해자로 연결시킨 관개수로를 이용하여 부유하고 막강한 왕국을 과시하였다고 할 수 있다.

12세기경에 사원이 만들어진 그 무렵에는 인구100 만 명이 살았던 큰 도시로서 앙코르는 거대한 도시를 뜻한다고 한다. 가장 잘 살 때 만들어진 사원이라고 하지만, 인근지역에 없는 그 어마어마한 석조물들을 어디에서 구하여 어떻게 날랐을까. 방수처리를 해서 쌓아놓고 2 만 명이 37년간 조성했다고 하는데 현대에서는 100년이 걸려야 가능한 건축물이라고 하니 그 또한 불가사의가 아닐까 싶다.

놀라운 것은 마하바르타라는 경전에서부터 수리아바르만 2세의 치적 등, 다양한 부조가 건축물 전체에 새겨져 있는 조각이었다. 회랑 전체의 돌조각에는 그 시절 사람들의 일상생활이 섬세하게 새겨져 살아있는 역사책 같다는 생각이 들었다. 신의 세계를 만들어 인간과 신이 소통하고 신들의 거처가 존재 하는 곳, 그곳을 들어가는 우리들도 옷을 여미게 하고 숙연해 지는 느낌마저 들게 한다.

마침 우리가 갔을 때는 '천상의 계단'이 경사가 심한 좁은 돌계단 옆으로 나무계단으로 새롭게 조성해서 안전하게 오를 수 있었는데, 아마 하늘 가까이 오르는 높은 경지의 통로가 아닐까 하는 생각이 들었다.

해자가 정글의 침입을 막아주고 상좌부 승려들에 의해 원형대로 보존되어 동남아시아의 가장 중요한 불교 순례지의 한 곳이 되었다고 하니 예나 지금이나 신앙은 막강한 힘을 발휘하는 것 같다.

동서고금을 막론하고 권력의 탐닉에는 같은 속성인가 보다. 왕권을 위해 형을 죽이고 왕의 자리를 뺏는가 하면 추방되고, 화살과 저주로 죽어간 왕, 갖은 역사의 회오리 속에서 필요한건 그래도 어딘가 의지하려는 믿음 때문이었을까. 신에게 봉헌하고 구제받으려는 본능적인 양심은 어쩔 수 없었던가 싶다.

앙코르에서의 감동은 바이욘 사원에서도 이어졌다. 건축과 예술양식에서 많은 변화를 보여서 종교의식은 시바신과 비슈누 신을 섬기는 힌두교에서 점차 관세음보살 신앙이 퍼져 나갔다고 볼 수 있다. 통치의 중심이자 신격화한 왕을 숭배하던 곳으로서 여러 번 재건되었다고 한다. 불교적인 성향으로 지은 사원으로 수많은 탑과 자이야바르만 7세로 추정되는 왕의 웃는 얼굴상의 조각이 있고, 사방으로 조각한 셀 수 없이 많은 거대한 얼굴상이 우리를 놀라게 한다. 회랑에는 서민의 일상생활상이 새겨져 있으며 관세음보살상으로 이룬 물결은 부처에게 봉헌된 유일한 사원이며 국사를 위해서 사용하기도 한 사원이라고 한다.

여러 가지의 주제로 건설한 흔적이 엿보이는데 '타프롬사원'은 일명 '밀림사원'이라고 한다. 자이야바르만 7세가 어머니를 위해 세웠으며 영화 톰레이더의 배경이기도 하다. 사원의 담벽과 건물을 나무의 뿌리들이 휘감고 있는 것이 이채롭고 독특하다. 프랑스의 고고학자들은 자연의 파괴력이 어떻게 인간의 유적을 파괴하는지 알려주기 위해 방치한다는 이야기도 있었다, 라테라이트 밑으로 나무뿌리가 자라나서 성장억제 약품을 투여하기도 한다는데 이곳 나무들은 그 토양과 기후 때문에 하늘 높이 치솟는 성장을 한다고 한다.

1975년부터 4년동안 베트남 전쟁에 휘말려 수 십 만 명이 죽고 베트남 공산화과정에서 만들어진 크메르루즈(캄보디아빨갱이)에 의해 다시 제나라 동족이 동족을 200 만 명의 대학살로 킬링필드의 아픈 역사가 있는 나라. 힌두교의 카스제도, 씨아누크왕 때의 크메르루즈군 사병제도가 있었다는 설명에는 이해가 잘 되지 않는 부분이었다.

씨엡립에서 조금 떨어진 곳의 작은 킬링필드 '왓트. 마이', 영화 킬링필드를 통해 전 세계에 알려져 있는 유골의 현장을 보면서 전쟁이 몰고 온 참혹함이 확인되는 순간이었다.

툭툭이를 타고 앙코르톰을 향하고 코끼리 테라스, 바푸욘 사원, 레퍼왕 테라스 등 옛 앙코르왕국의 자취를 더듬어보면서 그 당시의 번성했던 문화를 꽃피운 나라가 오늘의 빈민국이 되었다니 이해가 가지 않았다.

톤레샵호수의 황톳물위에 떠 있는 수상가옥들을 스치며 운항하는 배위에서 잠깐 사이 어디에서 배를 타고 올라왔는지 꼬마 사내아이가 음료수 캔을 팔아 달라고 내미는 깜짝쇼 같은 상술에는 놀라지 않을 수 없었다. 세상물정 모르고 사랑받고 자라야 할 아이들이 생활전선에 뛰어들어 하루하루 살아가는 딱한 생활상은 마음을 아프게 했다.

우리가 배에서 내릴 무렵, 강 건너편 모래 언덕길을 한 사내아이가 숨이 턱에 찰 지경으로 내달리고 있었다. 옷가지 하나 걸치지 않은 채 맨발로 달리는 아이의 절박한 풍경은 영화의 한 장면 같기도 했다. 가이드의 말에 의하면 구호단체에서 일주일에 한 번 오는 날이라 시간을 놓치면 물품하나도 받지 못하기 때문에 죽을 힘을 다해서 달려간다고 한다.

당장 눈앞에 보이는 가난과 남루의 현장은 3대빈민국이라는, 미래가 암담한 나라같이 생각했는데 오히려 행복지수는 높다고 하니 그 또한 이해하기 어려운 부분이다.

관광객이 있는 곳이면 도처, 길거리에 헐벗고 남루한 모습으로 '1달러'를 외치는 아이들, 그 옛날 문화를 꽃피우며 번성했던 나라가 저토록 가난한 나라가 되었을까 생각하면 경제성장의 발판이 시급하다는 생각이 들었다.

우리는 더 높은 곳을 바라기 하며 상대적인 잣대로 갈등하고 빠르게 오르고 싶은 열망은 있으나 정신적인 여유에는 인색하다. 그들의 생계는 단출하게 연명하면서 신에게 봉헌하며, 그 열정과 감사하는 국민성에 많은 감화를 받았다. 한 번도 풍요로운 삶이라고 생각지 못했던 자성도 가질 수 있는 기회가 되었다.

캄보디아에는 33333개의 신이 존재하고 1200개의 사원이 있는 나라, 여러 곳을 다니느라 준비한 달러가 동이 나고 말았다. 물건을 사달라고 따라다니던 소녀가 어쩌면 또박 또박 한국말을 잘하는지 "아줌마 날씬해요. 예뻐요."를 주문처럼 외다가 차에 오르고 떠나는 모습에는 거침없이 "아줌마 뚱뚱해요. 미워요." 실망의 눈빛으로 외치던 그 소녀의 목소리가 지금도 애잔하게 여운으로 남아있다.

병풍屛風 이야기

우리가 결혼할 때는 수예품을 혼수로 준비했는데 대부분 본인이 손수 만든 이불깃이나 베갯잇, 또는 방석, 책상보 같은 것이었다.

몇 년의 시댁생활을 보내고 따로 분가해 단칸방에 세 들어 살면서, 자수병풍을 마련하고 싶은 열망을 하게 되었다. 물론 미래에 필요하겠지만 당장 좁은 공간에서 소용되는 물건은 아니었다. 그러나 손이 많이 가고 시간이 걸리는 병풍자수刺繡 같은 작업은 젖먹이가 달리면 어려울 것 같아서 용기를 내게 되었다.

나는 그때 둘째아이 출산을 두어 달 앞둔 만삭의 몸으로 마음이 조급해졌다. 전문점에서 마음에 드는 완제품을 사면 손쉬운 방법이겠으나 가격도 만만치 않고 또 내 손으로 자수를 하면 보람도 클 것 같았다.

동네 근처 수예점에서 동양자수에 대한 경험이 없어도 지도를 받으면 가능 하다는 말을 믿고 작정하게 되었다. 견본을 보여 주는데 8폭짜리에 그림은 화조, 골동품 중에서 꽃과 새가 화사해 보였지만 무게가 있기는 골동품 쪽에 마음이 끌렸다. 특히 국보國寶를 선별한 그림이라는 사실이 나를 압도했다고 할까. 주저 없이 결정하게 되었다. 일주일에 한 폭씩 수를 놓아서 두 달 안에 완성하겠다는 계획을 세우고.

검정색 본견 실크 원단을 팽팽하게 수틀에 짜서 방안에 세워 놓고 보니 첫 폭의 도안은 신라 태종 무열왕릉 비석碑石과 와당이 있고 아래로 청화백자青華白磁십장생十長生 문병이었다. 거북이가 우뚝 선 비석을 업은 왕릉 비는 삼국을 통일하려는 왕의 위용을 유감없이 표현한 작품이라고 할까. 섬섬옥수 꼼꼼한 솜씨를 요하는 작업인데 나의 첫 솜씨는 엉성한 자국이 역력하게 드러났다. 결이 고운 색색의 명주실은 한 땀 한 땀 새기고 나면 마음에 들지 않아도 다시 뜯어내기가 어려운 소재들이다. 만족할만한 솜씨는 아니지만 한 폭을 완성 했을 때의 성취감은 말할 수 없이 뿌듯했다. 전체를 한 번에 도안해 주는 것이 아니고 한 폭이 완성되면 새로운 수틀을 짜기 때문에 그 다음 그림에 대한 기대와 호기심이 나를 바짝 마음 조이게 만들었다.

상감청자의 비색을 음영으로 나타내는 명주실 바늘을 오르내리다 보면 자정이 넘도록 피곤도 잊고 몰입하는 시간. 흙을 빚어 항아리를 만지는 도공의 숨결을 느껴지는가 하면 깨어진 기와 파편 하나도 애정이 묻어났다.

연꽃이 받치고 있는 투각 향로며 이조백자 포도 항아리, 청자 상감운학문매병 어느 하나도 진귀하지 않은 게 없었다. 항아리 전체의 자수가 끝나면 금사金絲를 꼬아서 테두리를 마무리하는데 그 고운 선이 참으로 아름다웠다. 상감청자와 이조백자의 차이점도 자수를 하면서 조금씩 알게 되었다. 청자상감은 날씬하며 구름이나 학, 고기 꽃 같은 문양을 많이 새겼고 이조백자에는 포도나 산수 문양이, 그리고 품이 크고 둥근 것이 특징이었다. 한 폭씩 완성 할 때 마다 또 다른 오묘한 매력에 빠져 들었다.

살림하는 틈새에 하는 작업이라 욕심으로 진도를 내다보면 입술이 부르트는 피곤이 엄습해 왔다. 누가 강요해서 하는 노동이라면 아마 힘들어서 포기했을지도 모른다.

국보를 하나하나 마무리 하면서 새 그림의 수틀에 다시 시작하는 날은 또 다른 설렘이 있다. 신라 봉덕사종과 마주 앉은 깊은 밤. 에밀레… 하고 울려 퍼지는 아름다운 종소리가 들리는 듯 종 허리에는 구름에 앉아 향로를 받들고 있는 공양 천인 상이 바람에 천의 자락을 휘날리고 있는 모습은 예술의 극치를 보여 준다고 할까. 종의 윗부분에 1천자의 경전이 있는 25톤이나 되는 엄청난 무게의 범종을 어찌 한 폭의 공간에서 충분하게 표현 할 수 있을까만, 신라 경덕왕이 아버지 성덕대왕에 대한 효심이나 종에 얽힌 설화가 애잔하게 가슴을 때렸다.

보라 빛의 굽 낮은 그릇 하나에도 목련꽃 가지 문양을 새겨 한껏 멋을 살린 우리 조상들의 손길을 더듬어보는 순간들이 행복하게 느껴졌다. 속도에 탄력이 붙고 솜씨도 이력이 날 즈음 마지막 그림의 수틀이 주어지던 날. 앞에 완성한 것 보다 더 화려하고 아름다운 청자상감靑瓷象嵌목단국화문고형이라고 설명된 국보였다. 마지막으로 생명을 불어넣듯 정성을 쏟았다. 지금 봐도 제일 마음에 드는 상감청자다.

힘은 들었지만 성취감도 있었고 처음 계획한 목표대로 출산을 바로 앞두고 끝낸 그 희열은 나에게 벅찬 감동이었다. 나는 병풍 자수를 통해 우리 문화재에 대한 관심이 생겼고 박물관 관람을 즐겨 하게 되었다. 눈에 익은 항아리나 기왓장 하나만 봐도 진한 지인을 만나듯 반가웠다.

대만 여행 때 고궁 박물관에서 중국의 유물들을 보고 탄성이 새어 나왔는데 자수의 뛰어난 예술성도 또 한 번 나를 놀라게 했다. 글씨나 그림이 너무 섬세해서 자수로 꾸민 것이라곤 믿기지 않을 정도의 탁월한 솜씨가 동양인이기 때문에 저런 솜씨가 나왔을까 하는 생각이 들었다.

우리 서민들에게 병풍은 바람을 막거나 차단 절제의 미학쯤으로 알고 있는데 서태후가 사용했다는 냉 병풍은 또 의외의 용도였다. 48개의 비취 조각으로 만들었다고 하는데 여름의 더위를 막아주는 역할을 하는 장식 병풍이었다. 비취가 시원하고 또 보신용으로 많이 사용된 중국 황실의 분위기를 읽을 수 있었는데 병풍의 진가는 우리의 상상을 초월하는 유물이라 새삼 놀라울 뿐이었다.

대나무 토막에 조각과 그림으로 이어 만든 병풍은 또 얼마나 이채로웠던지 보는 이의 감탄을 자아내게 했다. 차분한 분위기의 유명한 글씨, 그림병풍이 볼거리로 눈길을 끌었다.

완성된 자수는 장롱 속에서 몇 년 동안 잠자고 있다가 처음 집을 장만했을 때 비로소 표구하여 병풍으로 태어났다. 미완성의 상태로 있을 때 보다 완성된 병풍의 국보들이 예상외로 빛이 나고 돋보였다.

종가인 우리 집은 시어머님 타계 하신 후 자연스레 외며느리인 내가 많은 봉제사奉祭祀의 소임을 갖게 되었다. 뒷면에 반야심경을 붓글씨로 장식해서 조상님들의 신위와 제상을 위엄 있게 받쳐 주어 요긴하게 사용하고 있다. 지난 추석에도 우리 앞에 당당히 나서서 한 몫을 한 병풍을 두르거나 접을 때 마다 나에겐 각별한 느낌이 있다.

내 젊은 날의 열정과 땀이 배어있는 병풍. 한 땀 한 땀 손길의 흔적이 남아있고 많은 이야기를 품고 있다는 자부심이 남다른 가치를 부여하는 애장품愛藏品으로 자리하고 있다.

오래된 소장품

아파트 안 여기저기서 들리는 소음이 만만치 않다. 새로 이사오는 사람들이 오래되어 낡은 내부를 리모델링 하는 공사를 하는 까닭이다.

근래의 새 아파트 내부를 보면 좁은 면적이라도 규모 있는 설계로 가구가 필요 없는 수납공간이 잘 구성되어 있다. 살면서 내부수리를 한다는 것도 쉬운 일이 아니므로 짐을 줄이고 단출하게 살아야한다고 한목소리를 내는 세태다.

우리 세대의 젊은 날, 처음 시작할 때의 살림살이에 비교하면 너무 많은 짐 속에서 살고 있다. 쌓인 세월만큼 묵은 짐 또한 자연스런 현상인데, 새 집으로 옮길 때는 절로 정리가 되어 한결 공간의 여유를 살릴 수 있을 것 같다.

정리정돈의 달인이라고 하는 사람들은 몇 년 몇 개월의 시한을 두고 사용하지 않는 물건은 과감하게 정리해야 효율적인 생활을 할 수 있다고 강조한다. 공간도 재산이다. 여백의 멋을 살려야 한다. 우리 집을 방문하는 형제들이나 친구들에게 짐을 버리라는 말, 자주 듣는 충고다. 주인이 오래 되었으니 살림살이 또한 낡고 구식인 것은 당연한지도 모른다. 그러나 비우기를 잘 하고 깔끔한 사람들은 집안이 늘 환하다. 집 안을 돌아보며 순위를 정해 놓고 버리기. 정작 실행을 하려면 그 마음은 잠시일 뿐, 다시 창고나 구석자리에 도로 들이고 만다.

수십 년 옮겨가며 같이한 배부른 장독이며 된장, 젓갈, 고추장, 크고 작은 옹기 항아리들이 베란다며 다용도실을 가득 차지하고 있다. 새해부터 장이나 젓갈을 담그지 않으면 모를까. 붙들고 살아야 하는데 며느리나 딸이 이어간다면 제일 먼저 퇴출낭할 가엾은 물건이다. 이사 올 때 기르던 정 때문에 같이 온 크고 작은 화분들은 이제 울창하게 그 잎을 뽐내고 있다. 거실을 많이 차지하고 있는 애들은 내가 없으면 당장 내몰린다. 단출하고 깔끔하게 살아보자는 아이들의 성화에도 끄떡 않는 고집에는 집안 내력의 영향도 크다. 시어른들은 물론이지만 남편도 버리는 일에는 아주 인색했다. 오래도록 같이한 타성에 자연스레 젖어들었는지 실행하기가 쉽지 않다.

우리 집 어느 모퉁이를 둘러봐도 고급하고 근사해 보이는 물건은 없는데 오래된 소장품이 몇 개 있다. 재봉틀과 다듬잇돌, 나이가 80은 좋이 된 우리 집 유물이다. 시어머니 돌아가신 후 아버님께서 대대로 물려도 될 소중한 물건이라며 내게 주신 재봉틀. 나한테로 처음 왔을 때는 간단한 바느질에 잠깐 사용한 적이 있지만 차츰 녹도 슬고 고장이 나면서 발틀에서 손재봉틀로 줄여서 한 자리 차지하고 있다.

고향 산골마을에서 대부분 자급자족으로 생활하시던 농경시대, 여인들은 잠시도 일손을 놓지 못했다고 한다. 사대가 한 집에서 살아가는 많은 식구들의 식사를 공급하려면 디딜방아에 곡식을 찧어야만 밥을 지을 수 있었고, 그 식솔들의 의복가지는 손수 길쌈을 해야만 입성을 해결했다고 한다. 옷을 짓는데 손바느질이 얼마나 힘들었을까. 며느리를 아끼던 시할아버지께서 마을에서는 최초로 그 당시에 유명한 싱거 재봉틀을 선물로 안겨주셨다고 한다.

눈썰미와 솜씨가 매운 어머니에게 재봉틀은 일생동안 가장 편리하고 유익한 전유물이 되었다. 내가 새댁 때 아침밥 준비를 위해 방문을 나서면 벌써 이른 아침 어머니의 재봉틀 소리는 조용한 아침을 일깨우곤 했다. 건강이 좋지 않아 바깥일은 힘들어 하셨지만 방안에서 바느질을 놓지 않는 어머니 재봉틀 돌아가는 소리는 그치지 않았다. 색색의 조각으로 곱게 누벼서 베게모를 만들고 자투리 천으로 커다란 홑이불이 되는가 하면 와이셔츠 깃이 낡으면 목선을 예쁘게 판 브라우스로 다시 탄생시키는 솜씨에 재봉틀의 전성기는 어머니 일생과 같이했다.

다듬잇돌은 이사를 할 때마다 무거운 짐 처분하지 않는다고 핀잔을 받던 물건이다. 친정 부모님 세상 뜨신 후 동생들은 저마다 가정을 이루어 뿔뿔이 흩어졌다. 모든 살림살이 다 떠나보냈는데 몇 군데를 옮겨 다니다가 나한테로 와서 오늘날까지 같이하게 되었다.

어릴 때, 명절이 가까워 오면 온 동네 아낙들의 다듬이 소리가 밤의 정적을 깨고 장단을 맞추었다. 명절빔을 장만하시느라 어머니들의 일손이 더욱 바빠지면 늦은 밤의 방망이들 다투어 똑딱똑딱 마을에 울려 퍼졌다. 나도 덩달아 어머니와 마주 앉아 어설프게 박자를 맞추며 다듬이 하던 추억이 배어 있는 물건이다. 지금은 소용 가치를 못하는 짐에 불과하지만 나는 아직 버릴 수가 없다.

장롱 속에 간수하고 있는 경대보는 시어머니 처녀시절의 수예품이다. 빨간 모보단 바탕에 고운 명주실로 모란꽃을 수놓아 그 가장자리에 초록색 프릴을 장식한 아름다운 소품이다. 거울도 귀한 대접을 받던 그 시절, 덮개로 멋을 살린 예술품이 아니던가 싶다. 부귀와 화목의 상징인 모란꽃 문양을 한 땀 한 땀 새기며 행복한 결혼생활을 꿈꾸었을 어머니의 가녀린 체취가 문득 느껴진다. 예전 안방에 어머니의 경대가 재봉틀 옆에 있던 기억이 있는데 그 자취는 알 수가 없다.

그리고 어머니께서 손수 길쌈으로 장만한 삼베이불이 있다. 두 딸과 며느리 몫으로 오랜 세월 간직하셨다고 한다. 세필의 삼베를 재단하여 우리에게 자연섬유의 시원함을 선물로 주셨지만 정작 부모님께서는 자투리 삼베를 이은 낡은 삼베이불을 덮고 계셨다. 삼남매에게 여름살이 이불을 손수 짠 삼베로 만들어 주신 정성과 사랑은 요즘 흔히 부러워 하는 장인들의 명품 핸드메이드 같은 것 보다 더 값진 건 아닐까. 한 올 한 마디가 씨줄 날줄 수 없는 북을 다룬 땀과 노동으로 이룬 결정체다.

옛 어머니들은 힘든 삶을 어떻게 견뎌냈을까. 졸음과 씨름하며 아기를 안고 젖을 물려가며 베틀에 앉아 밤 이슥하도록 베를 짰다는 할머니의 이야기는 전설처럼 들렸다. 현대의 생활은 기계화된 편리에 적응되어 고마움을 잊고 사는 것이 사실이다. 풋나물 한 잎, 실 한 오라기도 귀하게 다루시던 어른들의 생전 모습을 떠올리면 정신이 번쩍 들 때가 있다.

아버님이 쓰시던 유건과 도포, 바지저고리와 조끼, 마고자까지 모두 조상에 대한 예를 갖추는데 사용되던 유품이며 이 또한 어머니의 작품들이다.

아버님 직장생활 하실 때 사용한 아주 알이 작은 주판은 지금은 보기 드문 물건, 비록 환금성이나 생활에 필요로 하지 않는 오래된 물건이지만 우리 가족문화의 역사, 돈으로 환산할 수 없는 가치야말로 내가 붙들고 있는 이유다.

시어머니, 친정어머니의 체취가 배어있고 가족에 대한 더없는 희생과 사랑의 흔적이 묻어나는 소장품들. 오래전 이야기가 담겨 있고 정이 든 물건들을 비좁은 집안에 소장한다는 것이 집착일까.

내가 아니면 눈 여겨 보지도 않을 그 속에서 살아 꿈틀거리는 소리들이 나의 세월을 거꾸로 일으켜 세워준다. 사람의 관계도 오래된 사이에는 묵은 정이 깊다. 일상 사용하는 집기들도 새 것보다 오래 사용하여 손에 익은 것들이 만만하고 더 편하다.

단순하게 살고 싶다. 머리로는 그러한데 구태를 벗지 못하는 초라함이라니, 이제부터라도 훗날 남은 가족들의 수고를 덜어주려면 비우는 학습도 해야겠다는 생각이 든다.

이웃사촌

아침 6시에 울리는 전화벨소리, J여사가 보내는 모닝콜이다. 특별한 일이 없는 한 매일 등산으로 아침을 여는 우리의 오붓한 만남은 이제 자연스레 배어버린 일상이 되었다. 약수터 까지 가면서 흘린 땀은 시원한 물 한잔으로 식히고 간단한 운동을 하고 돌아오는데 2시간 남짓 걸린다. 하루 중에서 가장 상쾌하고 활기차서 우리에게는 금쪽같이 값진 시간이다.

불가에서는 옷깃만 스쳐도 인연이라고 했는데 같은 아파트, 한 지붕 아래서 이웃하고 사는 것은 예사로운 인연이 아니다.

우리는 고등학교 동문인 남편의 동기생 부부모임에서 처음 만났다. 지금의 같은 아파트로 이사 오기 전에도 한 동네에 살면서 자주 만나던 사이라 친숙해져서 소통이 잘 되고 공유할 수 있는 화제가 풍부하다. 멀리 있는 친 동기간들 보다 쌓인 정 도탑기가 더 하다. 그래서 이웃을 사촌이라 하는가 보다.

우리에게 공통점이라면 시아버님께서 기미년 생 동갑이시고 종가로 시집 왔으며 그리고 우리도 정해 생 동갑내기다. 그녀는 작은 체구에 남달리 부지런하고 날렵해서 잠시도 가라앉거나 쳐져있는 일이 없다. 한마디로 작은 거인이라고 할까. 넘쳐나는 에너지가 나이를 짐작하기 어려운 사람이다. 예로부터 대부는 하늘이 낳고 소부는 부지런하면 될 수 있다는 말을 실감나게 하는데 긍정적이고 밝은 성격도 한몫해서 불평하는 일이 없고 잘 웃는다. 웃는 얼굴이 예쁜 사람이다.

결혼해서 지금까지 시부모님을 모시고 살면서 대가족을 화목하게 이끌어 가는 효자로 집안의 존경을 받는 남편을 아낌없이 내조한 일등공신이다. 이제는 일을 놓고 쉬면서 여유를 가져 봄 직도 하지만 한사코 열심히 일하고 생활은 검소하며, 절약이 몸에 배어 있다.

양가에 제사가 많으므로 농산물 도매시장이나 자갈치 장보기도 같이 하는데 이웃사촌 끼리 힘 모아 같이 해결 할 수 있는 장점을 잘 살린다. 자주 약속하는 일이 많은데 그것 한 가지는 내가 잘 맞춘다. 경제활동으로 일상 바쁘게 돌아가는 현장에서 시간

내기가 쉽지 않은 그녀에 대한 나의 배려다.

시할머니와 시부모님 슬하에 8남매, 대가족의 장남으로 종손인 남편을 가진 것 없는 열악한 환경에서 만나 탄탄한 오늘을 일구어낸 그녀의 당찬 내공은 가히 살아있는 전설이다. 자수성가한 사람들의 특성이라 할까. 부부는 일심동체라 하지만 초심을 잃지 않는 한결 같은 생활 자세는 본받기 힘든 드문 부부상이다.

우리는 틈만 나면 등산을 즐겨 하고 함께 여행하기를 좋아 한다. 오랜 시간 , 장거리 운전 실력은 그녀를 더욱 돋보이게 한다. 일할 때의 모습처럼 놀이할 때도 열정적이다. 노래방에서나 고스톱을 할 때도 한껏 스트레스를 날린다. 실력이 부족한 나는 과일이나 차 대접으로 대신하지만 분위기가 고조되면 관전하는 재미도 쏠쏠하다.

아파트라는 현대의 주거 문화는 담장 너머로 오가던 이웃 간의 인정도 잃어가고 공동의 건물 안에서도 철벽으로 단절된 오늘날, 절친한 이웃이 있다는 것은 큰 축복이다. 따뜻한 관심과 나누는 정이 넘치는 사람들과 가까이 있다는 것은 삶을 한층 아름답고 풍요롭게 한다.

낯가림을 잘 하던 나에게 주저 없이 먼저 손을 내밀어준 단칸 셋방살이 때의 이웃, 주택을 처음 샀을 때의 품이 넓은 이웃, 그리고 몇 번의 이사로 새로운 이웃으로 만난 사람들이 모두 가장 가까운 지인으로 자리 잡고 있는 것은 나의 인생행로에서 얻은 큰 자산이다.

굴곡진 삶의 기로에서 절망과 좌절로 주저앉을 때, 형제자매는 물론이지만 특히 이웃사촌들에게 많은 신세를 지고 살아왔다. 위로와 격려로 다시 일어서게 도와준 그 고마운 정을 잊을 수가 없다.

가을에 접어들자 전에 살던 아파트의 옆집 이웃에게서 전화가 왔다. 멀리 떨어진 동네 새 아파트로 이사해서 서로 바쁘다는 핑계로 소원했다 싶었는데, 어릴 적 개구쟁이였던 잘 생긴 차남이 결혼을 하게 되었다는 반가운 소식이다.

오늘 또 공교롭게도 같은 날, 단칸셋방에서 살 때 이웃으로 오랜 지기가 된 정 많은 그 친구네도 며느리를 맞이한다는 연락이 왔다. 일요일 이른 아침, 가족이 자고 있는 윗목에 앉아서 우리집 아이들 일어나기를 기다리던 철부지 막내가 어느새 장가를 들다니 세월의 빠르기가 화살 같다는 말이 실감 난다. 몇 년 전에 쓰러지신 아저씨의 우환으로 그늘져 있었는데 축하할 일이 생겼으니 반갑기 그지없다. 또래가 비슷하지만 삽은 혼사 날짜가 같은 날인걸 보면 그날이 길일인가 보다. 덕분에 좀 바쁘게 되었지만 잇달아 전해오는 낭보가 가을 하늘처럼 푸르고, 신선한 바람결처럼 안겨오는 기쁨이 크다.

우리가 사는 이 세상은 혼자서는 살아 갈 수가 없다. 더불어서 함께 살아가야하는 이웃들이 서로 정을 나누고 행복하게 사는 세상이면 좋겠다. "기쁨을 나누면 배가 되고 슬픔을 나누면 반이 된다"고 한다. 가깝게는 우리 이웃들과, 더 멀리는 많은 사람들이 모두 사이좋은 관계로 행복했으면 좋겠다. 만나면 헤어지고 헤어지면 또 만나는 인생 여정에서 좋은 인연으로 만난 이웃들은 가족처럼 소중하다. 예전의 이웃도 그랬지만 지금의 이웃사촌과 서로 나누고 도우며 정겹게 살아가는 하루하루가 외롭지 않고 늘 감사하다.

대접을 할 때 보다 받는 일이 많을 때, 고마운 마음 이면에 곤혹스러움이 어찌 없으랴. 그러나 형편이나 규모대로 줄 수 있는 마음을 가질 때 자신은 더 행복하다.

어느 절간, 게시판에서 '무재칠시無財七施'를 읽고 메모해 온 일곱 가지 이야기를 떠올려본다. '무재칠시無財七施'란 화안시和顔施, 언사시言辭施, 심시心施, 신시身施, 안시眼施, 좌시座施, 방사시房舍施다. 베푸는 일에는 이재利財가 수반되어야 한다는 통념이 있는데 일곱 가지의 보시는 강한 메시지로 다가왔다. 물질이 아니더라도 밝은 얼굴, 친절한 말씨, 진실한 마음을 전하며, 몸으로나마 도와주고, 따뜻한 눈빛과 앉는 자리는 양보하고 집에 오는 손님에게 정갈한 방을 내어주고 대접한다면 좋은 베풂이라는 뜻이리라. 우리 생활주변에서 예사롭게 마주치는 순간에도 실행으로 베풀 수 있다는 시사가 아닐까 싶다. 무심히 지나치는 이웃들에게도 친절하게 인사라도 건네는 문화를 먼저 실천하고 한 마디 말이라도 남에게 상처를 준 일이 없는지 되새겨 볼일이다.

단풍이 곱게 물드는 가을 달력에는 이웃사촌 J여사의 생일이 동그라미로 표시되어 있다. 풍요로운 계절에 태어나 언제나 씩씩하고 건강한 모습으로 치열하게 살아온 그녀에게 박수를 보내고 싶다. 봄에 나의 생일에 그랬던 것처럼, 한데 어울려 축하의 잔을 들고 웃음소리가 창을 흔드는 화기애애한 가을밤이 벌써부터 기다려진다.

나이테를 더한 기념 산행으로 은빛 물결이 유혹하는 승학산 억새의 평원에서 가을 정취에 한껏 빠져보고 한 굽이 더, 꽃동네를 넘어 구덕산의 편백나무 숲에서 피톤치드의 향기로 충전하리라. 노곤했던 발걸음이 상기되어 돌아올 때, 우리는 오래오래 이웃사촌으로 자연의 진솔함을 배우며 함께 산에 오를 수 있기를 소망할 것이다.

그리고 봄

조계산의 봄

신록이 아름다운 5월, 산이 유혹하는 계절이다. '여여선원 산악회'의 순천 조계산 산행은 선암사에서 출발하여 송광사로 내려오는 코스라는데 마음이 끌렸다. 오래 전에도 송광사와 선암사를 돌아보면서 바쁜 일정 때문에 아쉬움이 있었는데 봄이 무르익은 산자락의 사찰에 한껏 기대가 되는 일정이다.

태고종의 총림이며 고찰인 선암사 입구에서 부도 밭을 지나고 줄 이은 연등을 따라 야트막한 숲길을 오르노라면 제일 먼저 승선교를 만난다. 화강암으로 축조한 아치형 다리의 모습이 너무 멋지게 느껴져서 오래 자리를 뜨지 못했던 기억이 있다. 특히 다리의 아랫부분에 조각된 용머리가 다른 곳에서 볼 수 없는 독특한 구조의 보물이라 인상적이다. 다리 아래 물가에서 보는 강선루도 아름답고 절 입구에 들어가기 전에 잔잔한 삼인당 연못이 나그네들의 발길을 멈추게 한다. 연못 앞에서 산행대장이 한 컷 앵글을 맞추는데 삼인당 가운데의 작은 섬이 신비의 배경을 잡아준다.

선암사는 조계산을 사이에 두고 송광사와 쌍벽을 이루었던 수련도량으로 유명하다. 도선국사가 창건하고 신선이 내린 바위라 하여 선암사라고 전해진다. 6.25전쟁으로 소실되어 지금은 20여 동의 당우만이 남아 있지만 그 전에는 불각이며 요, 누문을 합쳐 65동의 대 가람이었다고 한다.

한창 왕벚나무들이 꽃송이를 주저리로 달고 산객들을 맞이하는데 바쁜 틈에도 고목의 매실나무가 궁금했다. 노목으로 자잘한 매실을 달고 건재한 모습으로 의연하게 버티고 서 있는 아름드리 '선암매'가 세월의 이끼까지도 신비하고 반가웠다.

선암사에서는 해우소가 유명한데 자연과 과학의 어떤 조화인지 모르겠지만 냄새가 나지 않는 아름다운 뒷간으로 문화재에 지정될 만큼 유명하다니 이 또한 특별하다. 경내의 삼층석탑과 대웅전이며 팔상전 등 보물로 다수의 중요문화재가 있는 역사의 가치가 큰 선암사, 품안이 아늑하면서 아기자기 수목들이 유달리 아름답고, 웅장하지 않으면서 단아한 기품이 다시 오고 싶은 마음을 불러일으킨다.

선암사를 뒤로 하고 비로암으로 향하는 길목에서는 마애여래입상이 잠시 쉬어가게 한다. 산의 오르막을 숨차게 치고 오르는 길 숲에는 윤기 나는 신록, 숲의 향기가 안겨드는데 하필이면 황사가 시야를 흐리게 하는 큰 방해꾼이 되어 얄미운 형국이다.

산 정상인 장군봉(884m)에 올라서니 겹겹의 봉우리들이 눈 아래로 어슴푸레 보일 뿐, 봄 산의 정기를 받아들일 수는 없었다. 선암사에는 이 장군봉이 지켜준다는 전설로 사천왕문이 없다고 하니 참으로 신성한 봉우리인가 보다. 비가 오는 일기 보다는 낫다는 위로를 하면서 멀리 보이는 연산봉을 향해 부지런히 발길을 옮긴다.

연산봉으로 가는 장막골 아래로 봄의 야생화 얼레지들의 군락이 한창 장관을 이루고 있다. 보랏빛 꽃술을 화들짝 뒤집고 오순도순 무리지어 피어나는 야생화의 천국이 눈앞에 펼쳐지는 숲길, 낮은 산죽들의 열병식에 탄성을 자아내며 걷는 능선 길은 조계산 산행의 백미다. 연산봉에서 바라보는 장군봉이 오히려 더 낮게 느껴질 만큼 조계산에서 장대한 봉우리로 송광사로 내려가는 중심 기점인가보다.

송광사를 향해 피아골 계곡을 내려올수록 맑고 장쾌한 물소리가 힘을 실어준다. 너덜겅 같은 돌계단을 지나면서 바위를 기대고 공생하는 기기묘묘한 소나무와 각양각색의 야생화가 시샘하

듯 뽐내는데 송광사까지가 힘들고 멀게 느껴지는 내리막길이다.

숨 쉬는 일이 상쾌해야할 산행길이 황사의 방해로 호흡하기가 여간 고달픈 게 아니다. 5월이라지만 계곡물에 손을 담그니 차고 아리다. 그래도 남자들은 발을 담그고 씻는 사람들도 있는데 도저히 따라 하기 힘든 계곡의 기온인데 몸에서는 땀이 솟는다.

송광사에 들어서는 초입에는 연못을 에워싸고 반짝이는 단풍나무 잎, 왕벚나무 꽃가지가 휘어지도록 흐드러지게 한창이다. '부처님 오신 날' 사월 초파일을 앞둔 절 주변이 사방천지 연등의 물결인데 송광사는 신라말 혜린선사에 의해 창건되었다고 전한다. 승가는 스님들과 신도들로 구성된 신앙공동체를 가리키며 진리의 길을 함께 걷는 길동무의 모임이라 할 수 있다.

한국불교에는 일찍부터 세 가지 보배를 가리키는 삼대 사찰이 있고 이를 삼보사찰이라고 한다. 곧 양산의 통도사에는 부처님의 진신사리가 모셔져 있기 때문에 불보사찰, 합천해인사에는 부처님의 가르침인 팔만대장경이 모셔져 있기 때문에 법보사찰, 순천의 송광사는 한국불교의 승맥僧脈을 잇고 있기 때문에 승보사찰이라고 하여 삼보사찰이라고 한다.

송광사에는 새로운 불사로 임시 법당을 가설해 놓고 휘장에 둘러싸인 대웅전 앞마당에는 연등이 가득한데 법정스님의 다비식 장면이 전개되는 환영이 보이는 듯하다. 무소유를 실천하고 가실 때에도 사리 한 점 수습하지 말라고 당부하신 이 시대, 진정한 종교인의 목소리가 연등사이로 언뜻 들리는 것 같다.

송광사에 들어서면서 문득 불일암을 지키고 있을 작은 나무의자가 생각나고 '아름다운 마무리' 수필이 떠오른다.

"아름다운 마무리는 처음의 마음으로 돌아가는 것, 초심을 회복하는 것이며, 내려놓음이며 비우는 일이다. 채움만을 위해 달려온 생각을 버리고 비움에 다가가는 것이며, 그 비움이 가져다주는 충만으로 자신을 채운다. 아름다운 마무리는 살아온 날들에 대해 찬사를 보내는 것, 타인의 상처를 치유하고 잃어버렸던 나를 찾는 것. 삶은 순간순간이 아름다운 마무리이자 새로운 시작이어야 한다."

법정스님이 늘 강조한 맑은 정신을 되새겨보게 한다.

송광사의 해우소도 다른 사찰과는 달리 연못을 기대고 통나무로 정갈하게 세워져 있는데 마루로 된 바닥이라 신발을 벗고 들어가는 보기 드문 정랑이다. 노곤한 발걸음이 되어 돌아오는 길, 순천만 갈대밭의 그 푸른 기상을 바라보며 '짱뚱어탕' 별미를 처음 맛보는 호사는 조계산 산행에서만 즐길 수 있는 덤이 아닐까. 산행을 하면서 선암사와 송광사, 그리고 순천만의 갈대밭까지 돌아볼 수 있는 조계산에 날씨가 쾌청하고 좋은 계절에 다시 한 번 오고 싶은 욕심을 내어 본다.

조계산은 오르고 내려오면서 산이 품고 있는 사찰의 귀중한 문화재 보물들을 만날 수 있다는 매력 때문에 한결 피로감을 덜어 준다. 그 보람과 봄의 산 정취까지 한껏 느끼며 안고 오는 충만감을 불청객 황사의 훼방꾼이 유감이었지만 안전한 하산에 감사할 따름이다. 청정하게 짙어가는 숲, 지저귀는 새소리와 지천으로 풀어내는 아카시아 향기, 심신을 풍요롭게 해준 산기운에 산을 맞이할 때 마다 보내는 찬사다.

6시간의 산행에서 얻은 심한 목감기 때문에 치료하면서 크게 핀잔을 받았다. 황사주의보를 무시하고 결행한 대가를 톡톡히 치른다고 생각했는데, 그나마 빠르게 치유가 된 것은 조계산 두 절집의 부처님 가피 때문이라는 생각이 든다.

가을 여행

자주 모이고 어울리는 지인들끼리 가을 여행길에 나섰다. 승용차로 이동하고 1박2일의 첫째 날은 봉화의 청량산 산행 한 다음 백암온천에서 숙박, 내려가면서 단풍구경을 하는 일정이다. 아침 안개는 안동에서 부터 짙히더니 청명한 일기를 보였다.

태백의 황지에서 시작되어 흐르는 강이 청량폭포와 만나 빚어내는 옥색의 물빛, 청량산의 수려한 산세에 사로잡히는 상큼한 기분이 오르는데 힘을 실어준다.

기암괴석과 울창한 숲의 품 안에 명당으로 자리 잡은 청량정사. 신라 문무왕3년(663년)에 원효대사가 창건한 고찰로 한때는

20여개의 암자가 있어서 불교의 요람을 이루었다고 하는데 청량사의 중심전각은 유리보전으로 고려 공민왕이 홍건적의 난을 피해 피난 왔을 때 쓴 친필이라고 전해진다.

절간을 뒤로하고 가파른 연적고개를 숨차게 올라서서 뒷실고개 까지 치고 올라 넘고 보니 가장 기대하고 궁금했던 '하늘다리'가 드디어 우리 앞에 그 위용을 과시한다. 순간 놀라움과 탄성이 절로 새어 나왔다.

'하늘다리(skybridge)'는 해발 800m지점의 자란봉과 선학봉을 연결한 길이 90m 높이 70m 그 폭이 1.2m 의 현수 교량으로 국내에서 가장 길고 가장 높은 곳에 위치한다고 한다. 흡사 하늘에서 양쪽 두 봉우리 사이에 살짝 내려 앉아 있는 모습이다. 아득한 계곡 아래로 단풍의 물결이 눈부시게 아름다운데 다리를 건너고 내려다보는 시선이 아찔하고 짜릿하다. 무려 100명이 함께 건널 수 있는, 하중의 무게를 안전하게 설계 시공한 국내의 기술에 그저 감탄할 지경이었다. 올라 설 때마다 힘들었던 오르막과 계단 길도 하늘다리를 마주 보는 순간 감미로운 바람결과 함께 날아가 버렸다.

다리의 공사기간(2007년4월20일-2008년 5월 10일)에 많은 사람들의 위험을 감수한 땀과 그 노고를 생각하며 숙연해지기도 했다. 산의 정상인 장인봉이 870m, 그리 높은 산이 아니고 내려올 때의 연적봉과 자소봉에 올라서 바라보는 빼어난 풍광은 가히 청량산의 백미라고 할 수 있다. 김생이 서예공부에 머물렀다는 김생굴, 한석봉과 그 어머니의 이야기와 같은 김생과 길쌈하는 여인의 전설이 신비롭다.

봉화의 산골을 무대로 한 영화 '워낭소리'에서 죽은 소의 원혼을 달래기 위해 노부부가 기도를 올렸다는 청량정사에는 이날도 많은 신도들의 행렬이 이어지고 있었다. 단풍을 즐기며 청량산에 흠씬 매료된 우리 일행들의 기분은 말할 수 없이 신선 했다.

백암온천까지 가는데 알맞은 시간으로 하산하여 우리는 영양을 지나고 굽이굽이 재를 넘어 돌아가야 하는 길을 빠르게 달렸다. 해가 떨어지기 전에 험준한 코스를 벗어나 빨리 도착하려고 달리는 차 안에서 나는 상념에 잠기었다.

몇 해 전. 늦은 가을이었다. 우리 부부가 2박3일의 여행일정으로 백암온천에서 여장을 풀었다. 첫날은 금요일이라 둘이서 하루를 보내고 토요일에는 시누이가 딸아이를 데리고 합류하기로 약속이 되어 있었다. 여학교의 교장으로 재직하고 있어 오전 근무를 마치고 오려면 아무래도 저녁 무렵이 되어야 도착할 것 같아서 그 사이 우리는 청량산 등산을 하려고 아침 일찍 봉화를 향해 부지런히 높은 재를 넘고 달렸다.

봉화의 표지판이 보여서 청량산 가까이 왔는가 싶었는데 이게 웬 일인가! 갑자기 자동차가 멈추어 서고 말았다. 그렇잖아도 노후 된 차, 장거리 여행에는 늘 조심스러웠는데 남편이 자주 점검

하고 정비를 해서 떠났기에 예상하지 못한 일이다. 내려서 문을 닫자 문까지 열리지 않으니 산간지방이라 어쩌다 한 대씩 쌩쌩 지나가는 차들만 있을 뿐 민가도 인적도 없고 응달에 세워진 채 추워서 견디기 어려웠다. 휴대폰으로 긴급출동을 불러 보는데 외진 산골이라 서비스가 만만치 않고 많은 시간이 걸렸다. 둘이는 아무 말도 못한 채 발을 동동 구르며 초조하게 기다리는데 뒤늦게 견인차가 도착했다. 가까운 봉화읍의 정비소에서는 수리가 불가능하여 영주에 가야 고칠 수 있다고 하였다. 다시 견인되어 영주의 정비공장에 들어서니 짧은 해는 어느새 오후가 되었고 고치는데 4시간 정도가 소요된다고 하니 그때까지 기다리는 일이 여간 난감한 일이 아니었다.

여행길에 생긴 갑갑한 마음도 가다듬기 위해 부석사를 돌아보기로 했다. 정비공장에선 고맙게도 우리 차종과 같은 다른 차를 빌려주며 거리가 멀지않으니 다녀오라는 인심을 베풀어 주었다.

부석사 초입에 들어서니 곱게 물든 은행나무 잎이 내려앉은 오르막 길 옆, 빨갛게 달린 사과나무 밭에서 달콤한 향이 안겨드는데 해질녘 깊어가는 가을의 절간이 너무 아름다웠다.

처음이 아니라서 그런지 더 친근하게 반겨주는 것 같아 잠시나마 시름을 잊게 했다. 나를 세우고 연신 카메라 셔터를 눌러 대는 남편의 표정에서 조금 여유를 느낄 수 있었다. 부석사의 저녁 종소리를 들으며 땅거미가 질 무렵 자동차 정비공장에 돌아와 시운전을 마친 차를 몰고 출발하는데, 숙소에 도착한 시누이는 우리의 소식을 듣고 걱정이 이만 저만이 아니었다. 나이 들면서 밤에 운전하는 것을 지양해 왔는데 영주에서 백암온천까지의 길이 여간 먼 거리가 아니며 험준한 재를 깎아서 닦은 도로가 만만치 않은 힘든 여정을 겪게 되었다.

칠흑 같은 첩첩산골의 밤, 인기척하나 없는데 차량의 불빛이 잠시라도 스쳐 지나가면 반갑기 이를 데 없었다. 굽이굽이 끝없이 돌아야 하는 위험한 길을 지도와 이정표만 보고 달리는데 아슬아슬한 긴장감은 말할 수가 없었다. 밤 9시가 되어서야 겨우 찬란한 백암온천의 불빛을 보았고 우리들은 오래 헤어져 만난 형제들처럼 손을 잡고 안도하며 그나마 온천욕으로 긴장도 풀었다. 다음날 일찍 시작된 여행은 눈이 시린 강원도의 단풍과 삼척의 환선동굴을 보고 돌아올 때는 가을밤이 깊어가고 있었다

2년 전 남편은 이 세상을 떠났다. 불안한 차를 몰고 가슴조이며 달리던 그 길을 그가 없는 세상에서 지금 나는 다른 차를 타고 신나게 달리고 있다. 차 안에서는 봉화산産 송이버섯 향이 진동을 하고 골마다 단풍은 붉게 타는 이 가을. 축배를 들며 담소와 웃음소리 정겨운 저녁만찬이 기다리고 있는데….

굽이굽이 돌아갈 때마다 남모르는 눈물이 가슴을 적시었다. 자식 하나 성혼시키지 못한 채 남겨두는 아내의 걱정 한마디 없고

아흔이 넘은 아버님 최후까지 지키지 못하고 짐을 맡겨 미안하다는 말 남기고 떠난 사람. '산다는 것은 외로움을 견디는 일' 이라고 한 시의 구절이 절절하게 가슴을 파고들었다. 유달리 애주가였던 그에게 술 타박하던 내가 좋은 안주만 보면 생각나는 건 또 무슨 심사인지 모르겠다. 돌아오는 길에 청송 주왕산을 향해 가는데도 남편과 같이 했던 추억의 흔적들이 서럽게 스치고 지나갔다.

부산 국제 영화제에서 본 김기덕 감독의 영화 '봄, 여름, 가을, 겨울, 그리고 봄' 촬영지로 더 유명해진 '주산지'의 가을 풍경이 눈앞에 펼쳐졌다. 조선 숙종 때 쌓기 시작하여 경종 때 완공한 저수지는 그 후 300년 동안 바닥을 드러낸 적이 없다고 한다.

주산지에 생육하는 수령이 100년을 넘은 왕버들이 자태를 뽐내고 고사목도 한사코 쓰러지지 않고 의연하게 물속에 버티고 서서 과시하고 있다. 가을색이 내려앉은 고요한 물위에 총총히 떠가는 물새 떼들, 오색의 단풍이 어우러진 가을 풍경은 태고의 신비를 자아내고 있다. 한국의 아름다운 하천 100선에 들어가는 주산지에서 군데군데 자리하고 있는 왕버들의 기상이 물의 호흡까지 조율해 주는 듯 잔잔하고 평화로운 감동이 밀려온다.

내 삶의 그림에서 치열하게 봄과 여름을 가꾸지 못했는데 어찌 아름다운 가을 풍경을 꿈꿀 수 있겠는가. 빈 들판에 이삭이라도 줍는 마음으로 나는 지금 내 인생여정 코스인 가을 을 여행하고 있는 중이다.

발칸, 그 속살을 엿보다

유럽의 숨은 보석이라고 알려진 발칸반도, 크로이티아 국립공원이 개장하자마자 세계 각국의 사람들은 줄을 지어 산을 오르는 모습이 질서 정연하다.

처음 슬로베니아에 도착했을 때의 쌀쌀한 날씨와는 달리 우리나라 10월 초의 날씨와 같은 가을 하늘이 드높고 푸르다. 유네스코에 지정되어 관리되고 있는 플레트비체 국립공원은 편의시설에 필요한 일체의 시설은 자연을 소재로 한 장비로 되어 있다. 플레트비체는 악마들의 계곡이란 뜻이라는데 다리나 숲속 벼랑에도 철재나 로프 같은 소재를 사용하지 않은 돌이나 나무 조각으로 되어있으며 낚시는 금기로 되어있다.

자연 속에서 웃음소리와 사진을 찍는 모습은 어느 나라 사람도 똑같다. 좁은 오솔길이라 서로 부딪히기 일쑤이지만 서로 다른 언어라도 미안하다는 말은 한결같이 자연스럽다. 누구나 여유와 평화가 표정으로 묻어난다. 원시림 깊은 숲속을 오르면서 플리트비체의 품속에 안겨드는 내밀한 만남에 그만 탄성을 자아내고 만다.

깊은 산의 숲속 작은 절벽 폭포 아래로 에메랄드빛 호수가 그림처럼 펼쳐지고 호수에서 원앙과 청둥오리들의 유유자적 노니는 아름다운 풍광, 자연의 신비는 여행객들을 압도시킨다. 석회지역에서 생성되는 물빛에 걷는 발 아래로 손만 넣으면 잡힐 듯 수많은 물고기 떼의 유영은 바로 낙원의 모습이다. 즐거움에 발걸음도 가벼운데 힘들만 하면 한 계단 위로 또 다른 폭포와 호수가 연이어 우리의 눈길을 사로잡으니 웬만한 노약자도 그 풍광에 탄력을 받는다고 할까. 호수 안으로 동굴이 있는가 하면 둘레의 짙은 숲 아래로 폭포가 선율인 듯 쏟아져 내린다. 그런 계단식 폭포와 호수가 16개를 품고 있는 국립공원이라 사람들의 발길을 불러 들이는가보다. 마지막 산정호수 벨리키슬랍에서는 우리를 기다리고 있는 작은 배를 타고 건너는데 그 비경에 매료되어 다른 곳에서 맛 볼 수없는 이색 체험으로 상기된 기분은 나머지 오르막 코스에서도 발걸음이 가벼워졌다.

크로아티아는 초승달 같은 지형으로 아드리아해를 끼고 슬로베니아 보스니아에 둘러 싸여 있으며 이탈리아 베네치아와 근접해있다.

세계문화유산으로 등록된 드브로브니크는 아름다운 아드리아해안을 끼고 고딕양식 이후 바로크양식으로 세운 건축으로 이룬 공화국이다. 16세기 르네상스 때의 스폰자궁은 세관청사로 조폐소는 고서박물관 으로 사용한다고 한다. 두께가 다른 성벽보다 배나 두꺼운 이중 성벽을 쌓은 것이며 바닷가 쪽에는 세개의 아치문이 있는데 바닷물이 들어오고 나가는 것을 원활하게 해주는 역할을 하며 아드리아해안에는 호화 크루즈선이 속속 입항 하는 곳이다.

동상이 있는 광장에는 상징적인 인물인 올렝드 기사가 서 있는데 정의의 기사라고 한다. 광장 앞에서는 기념행사가 수시로 열리고 썸머페스티발 위로 음악회도 열린다고 한다. 바로크양식의 듀오 모성당, 프란체스코수도원에서는 14세기부터 약자를 위한 약초연구를 한 약국이 또 유명하다. 성벽을 끼고 높은 암벽위에 작은 까페에서 아드리아해의 물빛을 내려다보며 누군가 빠삐용이 탈출하던 장소 같다는 말을 해서 한바탕 웃기도 했다. 석회로 하얗게 된 스르지산으로 오르는 케이블카를 타고 정상에서 내려다보니 붉은 지붕과 어우러진 자연이 그림으로 채색한 것 같았다. 해가 저물어도 사람들의 물결이 성시를 이루고 웨딩 차림의 주인공을 둘러싼 하객들의 행진도 연이어 출현하는 진풍경도 볼 수 있는 거리다.

유람선을 타고 돌아보면서 해안의 작은 호텔 앞의 비치에는 여름이 지났지만 과연 귀족들의 휴양지로 손꼽힐만한 아름다운 곳이다. 프랑스 나폴레옹의 침략도 있었고 여러 번의 파괴와 다양한 종교, 유대인의 박해등, 게이트별로 파괴된 분류를 하고 보존한다니 크루아티아인들의 자긍심을 엿볼 수 있었다.

유고내전을 치렀음에도 크로아티아는 이방인이 겉으로 보기에는 천혜의 비경을 간직하고 있는 평화롭고 아름다운 나라로 보였다. 보스니아로 가는 해안 절경은 하얀 석회산맥이 병풍처럼 펼쳐지고 아드리아해변을 기대고 옹기종기 작은 마을들의 빨간 지붕이 그림 같은 마을을 지나면서 우리나라의 인구밀도와는 대조가 되는 것 같았다.

슬로베니아의 블레드 호수에 떠 있는 암벽위의 성당에서는 종을 치면서 소원을 빌면 이루어진다고 해서 힘들게 줄을 당겼고 유네스코에 등록된 세계에서 제일 길다는 종유동굴 포스토이나 야마동굴에서 꼬마기차를 타고 돌았다.

유고내전의 참상은 바로 보스니아 모스타르에서 더욱 확인되었다. 보스니아와 크로아티아의 최전선이었던 블루바드대로, 산으로 둘러싸인 골짝 산악지역이며 예전에 이미 터어키 지배를 받고 살아온 터라 무슬림이 발달했고 천연자원이 풍부하다. 은,

동, 철광석 아연 등이 있고 산악지형에 영향을 받아온 이곳은 무슬림으로 개종하면 신분 상승이 되고 땅을 주는 혜택이 있었다고 한다. 일명 올드브릿지라고 부르는 다리는 93년에 파괴되었는데 다리 중간을 복구하면서 지금은 화합의 다리로 변모했다. 다리를 중심으로 작은 가게들이 즐비하게 늘어서서 관광객을 맞이하는데 터어키에서 보던 물건들이 많이 진열된걸 보면 이해가 되기도 했다.

우리에겐 조금 생소한 메주고리에, 주교 이름으로 마을 이름이 된 곳이다. 1981년 6월 여섯 명의 아이 앞에 발현한 성모마리아 출현으로 유명해진 높은 산 중턱에 성모상과 예수님을 모셔놓고 올라가는 길에는 험한 돌길을 만들었는데 예수님이 십자가를 메고 오르는 고통을 체험하는 길이다. 수많은 신도들이 노약자를 불문하고 험한 산에 올라서 예배와 기도 하는 모습이 가득했다.

보스니아 사라예보는 동서로 길게 가로질러 흐르는 미야츠강이 사라예보를 지켜왔다. 종교와 인종이 복잡하게 얽혀있고 내전을 겪은 아픔의 흔적이 가장 많이 남아 있다. 150개의 공동수도가 있다고 하는데 세계의 사람들이 넘치고 '바스차르쉬아' 작은 가게들이나 '카잔젤룩거리'는 우리나라의 인사동거리 같다고 할까. 오랜 연륜과 숙련된 솜씨, 전통을 지켜내는 자부심이 엿보였다. 작은 가게에서 사려는 사람의 주문 독촉에도 서둘지 않는 느긋함이 이채롭다. 주물로 만든 수공업이 발달했고 드러내지 않는 국민성이다.

모두가 장인들의 수공업으로 만든 물건들이 야무지고 섬세하다. 안방 침대 옆에 놓으려고 스테인드글라스로 장식한 주물로 된 작은 등燈 하나를 골랐다. 짐 이동이 불편하지만 가격이 싸다. 여러 명의 주문에도 차근차근 서둘지 않고 포장을 하고 설명을 하는데 시간이 촉박하여 재촉을 해도 묵묵하게 처리하는 모습이 빠르게 많이 판매하려는 우리네 정서와는 다른 걸 느꼈다.

세계1 차 대전의 도화선이 되었다는 '라틴다리' 오스트리아 황태자 부부를 1914년 세르비아 청년이 암살한 곳이다. 유고내전 때 세르비아군에게 무참히 살상당한 흔적과 건물의 파괴된 잔해는 모두 그대로 보존하고 있었는데 시가지는 어두운 그늘이 지워지지 않은 모습이다 교통수단으로 트램이 거리를 차지하고 자동차가 드물게 보일 정도다. 인종청소라고 알려진 유고 내전은 우리나라보다 잘 살았던 연방 국가들이 정치 지도자들의 이해와 맞물려 엄청난 재앙과 뒷걸음질 경제에 어려움을 겪고 있다는 걸 느꼈다.

마지막 여정지인 세르비아 베오그라드. 12-13세기경 세르비아 전성기 무렵 오스만제국의 침략으로 400년간 지배당한 나라다. 1886년에 독립하여 70퍼센트의 국민이 세르비아 정교회를 믿고 14세기 때는 왕국을 가진 저력 있고 부강한 나라였으며 유고연방의 수도역할을 한 자부심 강한 나라다. 이곳 사람들은 우리나라보다 잘 살았다고 한다.

민족과 종교가 뒤섞이는 세르비아 정교회는 발칸반도 최대의 규모를 자랑하는 사보르나 정교회가 있다. 베오그라드의 명동이자 유행을 자랑하는 크네즈미하일로 거리, 문화의 거리 스카다리아를 걸어본다. 키가 크고 얼굴이 잘 생긴 사람들이 거리에 넘친다. 공화국 광장에는 민족지도자의 동상이 위엄을 과시하고 있다.

기원전 4세기경부터 베오그라드의 성곽이었던 칼레메그단 베오그라드의 요새 푸른공원 안에는 군사박물관이 있고 성곽 끝으로 사바강과 다뉴브강이 합쳐지는 강기슭 전경이 내려다보인다. 공원 안에는 독립운동가와 위인들 30명의 흉상이 세워져 있었다.

세르비아의 북부는 평야지대이며 남부는 산지로서 땅이 비옥하여 공업용 오일, 옥수수, 유채, 해바라기 등 밭작물이 풍부하다. 숙소로 가는 길에 삼성samsung 이라는 불빛 찬란한 간판을 보고 모두 한목소리로 반가워했다. 베오그라드공항의 이름은 유명한 과학자의 이름을 따서 니콜리아레슬러 공항이라고 한다.

세르비아 사람들은 분단국가인 대한민국을 걱정하고 있다는 말을 들었을 때, 전쟁의 아픔을 겪은 국민들은 다르다는 생각이 들었다. 유고슬라비아는 사회주의 연방공화국이었으나 91 년 이

후 연방 내 각 공화국이 이탈 독립을 선언함으로서 구체제의 연방이 붕괴 되었다고 한다.

발칸반도, 길은 멀고 힘들었으나 색다른 문화와 풍광을 즐기며 여동생과 조카가 함께한 여행은 아름답고 의미가 있는 소중한 추억 만들기다.

겨울 철새 보러가요

새들의 울음소리에 눈을 뜨고 아침을 맞이하는 일상이 겨울에 들어서면 적막이 감도는 숲을 마주 한다. 우리 집 거실 창문을 열면 산위의 높은 소나무 군락 아래로 여러 종류의 잡목 숲이 우거져 있다. 봄의 찬란한 생명활동이 빚어내는 풍경이나 여름의 짙푸른 숲의 향기, 가을 단풍나무 숲에서 끊임없이 재잘대던 새들은 다 어디로 갔을까.

헐벗은 나목들이 깊은 수면에 빠져 있다. 이따금씩 무녀의 휘파람 소리를 내는 바람이 나목들을 세차게 흔들고 지나간다. 추위를 핑계로 움츠리며 즐겨하던 등산도 뜸해진 요즘, 겨울을 나기위해 을숙도를 찾아 온 철새들을 만나러 집을 나섰다. 에코센터를 지나 하구를 따라 탐조대로 가는 길은 쭉 뻗어 잘 다듬어진 2km의 거리, 걷기 운동으로도 좋은 코스다. 오싹하게 차가운 날씨지만 햇살이 잔잔한 물결위로 반짝이는 오후, 강변위로 몸을 낮추는 비행기의 소음이 정적을 깨울 정도로 사람들의 내왕이 한가로운 평일이다.

낙동강 하구에는 을숙도와 크고 작은 삼각주가 발달되어 수석곤충, 어류, 플랑크톤, 갈대숲과 새섬매자기 군락 같은 먹이가 풍부한 갯벌이 형성되어 있다. 고니, 개리, 큰기러기를 비롯해 물수리흰꼬리, 수리, 참수리, 등 170여종의 다양한 철새가 도래하여 서식하므로 동양최대의 철새도래지로서 천연기념물 179호로 지정된 곳이라고 안내하고 있다. 겨울 철새가 가장 많이 오는 때라 갯벌호수에는 물안 가득 크고 작은 여러 종류의 새들 울음소리가 왁자하다.

새는 텃새나 여름철새, 겨울철새 정도로 알고 있었는데 잠시 쉬어가는 나그네새도 있다. 나그네새는 잠깐, 2주정도 쉬었다 가는데 보통의 철새보다 두 배정도로 먼 거리를 날아가야 하므로 에너지도 충전하고 휴식도 취해야 한단다. 생존의 법칙에 따라 그들의 긴 여정 속에 우리가 살고 있는 가까운 자연이라는 것도 고맙고 신기하다. 붉은어깨도요가 그 대표적인 새라고 하는데 참으로 대단한 위력이다.

한 영역에서 계절 따라 공동으로 살아가는 모습으로 예사롭게 보았는데 물논병아리 같은 작은 새는 잠수를 하는 새지만 큰고니나 청도요새, 덩치가 큰 새는 잠수를 하지 못하기 때문에 수면새라고 하는가보다. 물속의 먹이를 찾아내려면 긴 부리가 있어야 가능하기 때문에 부리의 진화가 되었다는 설명이 재미를 더해준다.

마른 갈대밭과 바람소리만 을씨년스런 황량하고 외진 자연 속에 철새들의 무리들이 활기를 불어 넣고 생명이 꿈틀거리는 평화로운 장관을 연출하고 있다. 조금 비켜서 세우긴 했지만 몇 년 사이 새로운 다리가 생겨났다. 사람에게 편리한 저 다리가 새들에겐 큰 괴물처럼 보이겠다는 생각이 들었다.

혼자서 한참을 돌아보며 서성이다 보니 겨울의 짧은 해가 걸음을 재촉 한다. 사방을 보아도 간간이 있던 사람마저 보이지 않고 가까이서 사진을 찍던 남자는 카메라를 메고 가는 모습으로 감감하게 멀어져 간다. 해거름 저녁 쓸쓸한 그림자를 앞세우고 혼자서 터벅터벅 걷고 있는 전신을 차가운 한기가 휘감고 있다.

몇 해 전 이맘때쯤이었다. 맹추위에 바깥으로 나들이 하는 일이 줄어서 겨울철새 보러 가자며 남편의 손을 이끌었다. 을숙도에 에코센터가 들어서고 나는 여러 번 다녀왔지만 남편과 동행하기는 처음이었다. 에코센터 전시관을 돌아보며 망원경으로 철새 관찰을 하는데 겨울을 나기 위해 크고 작은 새들이 많이도 모였다. 우리는 더 가까이서 많은 새를 보기 위해 탐조대가 있는 곳으로 가자고 했다. 그 날도 아담한 갈색집 안의 분위기는 한가롭고 날씨가 맑았다.

새들이 놀라지 않도록 조용하게 관찰해야 한다는 해설사의 설명을 들어서인지 많은 새의 종류를 한꺼번에 바라본 남편이 신기한지 갑자기 상기되어 속삭이듯 말했다. "노랑부리저어새다" 주걱모양의 큰 부리로 물을 휘젓고 고개를 쳐드는 새를 본 것이다.

큰고니들도 많았고 물병아리처럼 작은 새들이 무리를 지어 떠다니고 저 만치 노랑부리저어새가 짝을 지어 힘차게 먹이사냥을 하고 있었다. 대형조류인 노랑부리저어새는 멸종위기1급의 천연기념물이다. 그런 진객을 볼 수 있다는 것은 행운이라며 우리는 마주보며 함박웃음을 지었다. 새들도 가족을 소중하게 아끼며 무리를 지어 이동 번식한다고 한다.

그동안 우리는 먼 곳의 이름난 명소에 더 호기심이 많았고 가고 싶었다. 바람을 쐬러 차를 몰고 을숙도에 자주 나왔지만 산책길에서 걷는 운동으로 끝내고 돌아오곤 했었다. 철새하면 먼 곳의 순천만이나 우포늪을, 가깝게는 주남저수지도 몇 번은 다녀왔다. 그런데 낙동강 하구 을숙도는 우리의 삶터 생활권 지척에 있는 친숙한 천혜의 자연이요 전국에서도 이름난 철새들의 낙원이다. 가까이 있다 보니 예사롭고 무심하게 간과했으니 부끄러운 자성을 하지 않을 수가 없다.

수많은 종류의 울음소리가 화음을 이루며 자맥질하고 노니는 평화로움은 추위를 녹여주는 따뜻한 생명의 기운으로 전해 왔다. 새들이 살지 못하는 환경에는 사람도 살지 못한다고 한다. 지금 생명의 소리 왁자한 저 갈대숲에는 겨울 철새들의 가족 사랑이 한창 깊어 갈 것이다. 그러나 겨울 진풍경을 보며 감동하던 동반자를 나는 지켜주지 못해 안타까울 뿐이다.

요란한 동행보다는 혼자만의 자유로운 나들이가 로망이었을 때도 있었지만 지금 혼자서 탐조하러 나온 유유자적함은 흡사 짝 잃은 외기러기의 날개 짓 같이 적막하고 초라하다. 망원경의 도움도 없이 세심하게 관찰하지 못한 탓인지 오늘 별난 진객을 보지 못했다. 다시는 함께 볼 수 없을 것을 미리 알고 귀한 손님을 보여준 것은 마지막 선물이었을까. 한발 한걸음 추억의 파편들을 건져 올리며 출입구에 닿고 보니 어느새 에코센터의 문을 닫는 시간, 단체관광으로 들어온 시티투어 버스가 막 떠나고 있다.

이 무렵이면 환경단체에서는 하루에 5-6회씩 "철새들아 많이 먹어라" 먹이를 뿌려주는 철새사랑의 행사가 펼쳐진다. 철새들이 낙원으로 찾아오는 아름다운 우리고장, 그 자연의 가치를 소중하게 보존하고 가꾸는데 우리 모두 관심과 애정을 가져야겠다는 다짐을 하게 된다. 연일 한파가 기승을 부리는 이때, 가족들의 품이 더욱 그리워지는 계절이다.

다사다난했던 2013년은 가고 갑오년 새해가 밝았다. 이제 곧 민족의 대명절인 설이 다가온다. 고향을 찾는 귀성행렬처럼 을숙도 철새들의 보금자리, 그 끝없는 철새들의 향연이 이어지길 소망해본다.

다시 화순에 가다

전남 화순의 '운주사'는 천 불 천 탑으로 잘 알려신 사칠이디. 해발 100 여 미터의 야트막한 야산에 남북방향으로 뻗은 두 산등성이와 계곡에 100여분의 돌부처와 30여기의 석탑이 흩어져 있다.

설화에는 영암출신 도선국사가 우리나라 지형을 배로 선복에 해당하는 호남 땅이 영남보다 산이 적어 배가 한쪽으로 기우는 것을 염려한 나머지 이곳에 천 불 천 탑을 하루 낮 하루 밤 사이에 도력으로 조성해 놓았다고 한다. 절에서 멀지않은 곳에 돛대봉이 있는데 돛대봉에 돛을 달고 절에서 노를 젓는 형세라 한다.

유적의 중심은 대웅전 북쪽암벽에 있는 마애여래좌상과 와불상, 중앙의 석조불감 그리고 칠성바위 등이다. 탑의 형식도 신비감을 더해주는 것은 한 사찰 안에서 장난기가 연상되는 원형다층석탑이 있는가 하면 13미터 높이의 7층탑은 절 입구에서부터 시선을 압도한다.

석조불감은 팔작지붕 용마루가 평면형인데 감실 안에는 남쪽과 북쪽으로 각각 등을 맞대고 앉은 불상이 무릎에 손을 얹고 좌정한 모습이다. 특히 관심을 끄는 것은 운주사의 설화를 뒷받침하는 미완성 좌상과 입상의 와불이다. 머리 부분과 다리 부분이 5도 높게 경사져 있고 머리가 남향인데 두 불상 사이에 떼어내려는 흔적의 틈이 있다. 산정의 암반에 불상을 조각하고 떼어내는 공정을 마치지 못한 미완성불이다. 천 불 천 탑을 완성하고 누운 불상을 바로 세울 때, 미륵이 도래한다는 구 백제 미륵신앙의 강한 표출로 볼 수 있겠다.

계곡의 왼쪽 산등성 허리께에 위치한 7개의 바위. 언뜻 보면 원반형 7층 석탑의 옥개석같이 보이나 북두칠성이 지상에 그림을 드리운 듯 한 모습의 배열상태와 유사하다. 돌의 크고 작음이 북두칠성의 방위 감각이나 밝기와 매우 흡사하여 칠성석일 가능성이 매우 높고 고려시대 칠성신앙의 근거지이며 천문학적인 관측 자료로서의 그 가치가 매우 높다고 한다.

화순의 또 이름난 '쌍봉사'는 대웅전이 특이하다. 국내 유일의

3층 목탑식 전각인데 이조 숙종에서 경종에 이르기까지 창건되었다고 하나 화재로 소실되어 다시 복원된 보물163호로 지정되었다.

규모는 단출해도 진귀한 보물들을 품고 있는 절이 예사롭지 않다. 대웅전을 감돌아 난 오솔길 비탈을 올라가면 트인 곳, 거기에 통일신라뿐 아니라 우리나라 전 시대에 걸쳐 첫손에 꼽히는 철감선사의 부도와 부도비가 있다.

철감선사 부도는 통일신라 석조 부도의 기본양식인 팔각원당형의 전형적인 모습이다. 균형 잡힌 몸매, 하대 중대 상대석 몸돌과 지붕돌 4매의 석돌로 이루어 졌다. 사리장치를 빼내려고 도굴꾼들이 쓰러뜨려 다시 복원했다는데 팔각을 이룬 돌은 낙수 면을 세우고 기왓골이 정연한 수막새 암막새 기와가 표현되었다. 특히 기와에 8엽의 연꽃무늬를 새겼고 아랫면의 네 곳에는 비천상 두 곳의 항로, 또 두 곳에 꽃무늬를 새겨 넣었다. 구름무늬 사이로 꿈틀거리는 용의 모습이 언뜻 보이고 정면에는 두 용머리가 마주보며 그 가운데 발로 여의주를 밟고 있다. 8 각의 한 단 기둥마다 새긴 연잎조각, 몸돌의 각 귀퉁이마다 배흘림 된 둥근 기둥이며 앞뒷면 좌우의 사천왕상과 옷자락을 날리며 내려오는 한 쌍의 비천상을 새긴 솜씨는 그저 탄성을 자아내게 한다. 여덟 귀퉁이의 연잎을 말아 기둥을 세우고 기둥사이 각 면에 인상을 새긴 후 그 안에 사자를 한 마리씩 양각했다. 여덟 마리의 사자는 엎드려 있거나 고개를 젖혀 뒤를 돌아보거나 뒷발을 물고 있는 등, 생생한 모습의 높이 2.3미터의 부도는 국보 제57호로 지정된 조각양식의 백미다. 정교하고 아름다운 예술의 극치를 마주하며 서 있는 시간, 그 중심인물 철감선사에 대한 호기심이 불현듯 일어난다.

옆에 있는 부도비는 비신은 없어지고 귀부와 이수만 남아있다. 비를 지고 있는 거북은 청년 거북일까. 씩씩하고 기운차다. 탄탄한 몸을 뽑아 올리고 각진 눈으로 앞을 쏘아보고 콧김을 내뿜으며 앞으로 나아가고 있다. 입에는 여의주를 물었고 정수리는 뿔을 나타낸 듯한 돌기가 있다. 비좌의 네 면에 구름무늬 그 위의 받침대에는 32개의 연꽃잎을 새겼는데 당대의 우수작이라 한다.

쌍봉사에서 걸작의 유물을 만난 감동이 가시지 않은 채 화순과 경계에 있는 '불회사'를 만나러 가는 길. 한적한 측백나무 숲을 지나니 그 나무들을 배경으로 돌장승이 반갑게 맞이해 준다.

남 장승과 여 장승이 퉁방울눈으로 친근감을 더해주는데 할아버지 할머니의 호칭이 너무 어울리는 돌장승이다. 할아버지 얼굴에는 사찰 장승다운 통명기가 있는 주먹코에 주름이 있다. 할머니는 다정하고 자애로운 표정 그대로다. 불회사를 오래 각인시키는 돌장승에서도 할아버지의 키가 할머니보다 크다.

동백 숲이 울창한 배경으로 대웅전의 높다란 팔작지붕 처마아래에 멋지게 뿔이 난 용머리가 달려있다. 대웅전 안은 연꽃과 학을 그려 넣은 우물천장, 그 둘레에 빽빽하게 장식된 연꽃줄기, 그 사이에서 노니는 물고기와 게의 그림, 기둥머리에 붙은 작은 용 조각이 화려하게 장식되어 있다. 비로자나불을 주존으로 삼존불을 모셨는데 종이나 베로 만든 후 옻칠과 금물을 입힌 건칠 불, 경주 기림사의 건칠보살좌상과 함께 희귀하다고 한다. 조선후기의 화려한 건축미를 보여주는 대웅전 문짝도 이에 걸 맞는 두꺼운 통판자로 짜고 연꽃과 불상들을 양각하여 화려했는데 한국전쟁 때 잃어버렸다니 안타까울 따름이다.

불교에 대한 신앙심이 있는 것은 아니지만 절에 들어서면 먼저 대웅전 부처님께 절을 올린다. 처음에는 어색해 하던 남편도 자주 동행하면서 자연스레 같이 참례하게 되었다. 절집의 주인에게 인사는 예의며 우리 문화제에 대한 애정이라는 생각에서다. 그해 윤달 7월에 삼사순례로 부부가 함께 화순을 다녀온 것은 오래전 일이다.

화순 지방의 국도를 타고 달리는 차창 밖으로 유월의 가로수 나뭇잎들이 유난히 반짝인다. 예전에 왔을 때 보다 잘 가꾸어진 풍경이다. 작은 면소재지 도로변 초입의 작은 마을을 지나 깊은 산골짜기로 들어서니 작은 개울이 흐르는 산 밑의 난들에 덩그러니 집 한 채 서 있다. 밭작물 농사를 위해 가건물로 기거하는 한집이 있기는 하지만 인적이 드물고 외진 산골이다. 공기의 온도가 다르고 곤충들의 천국, 사방이 적막하다.

우리 일행들을 먼 곳까지 초대한 새 집의 주인은 시누이부부다. 몇 해 전, 교장부부로 정년퇴직한 후에 열정을 기울여 지었는데 500여평 너른 밭에는 잡초가 무성한 채 몇 종류의 약초와 와송 모종을 한가득 가꾸는 중이다. 공학도인 주인의 설계로 몸소 참여해서 지은 집이라 애정이 각별하다. 요즘같이 손익계산에 밝은 세태에 울산에서 자주 내왕하기 힘든 먼 거리에 투자한 발상이 뜻밖이었지만 그의 애향심을 엿볼 수 있었다. 시누이는 골짜기 입구의 아랫마을에서 태어난 남편이 앞산의 조상님 산소관리며 광주 본가의 형제들이 자주 모일 수 있도록 배려한 장손의 뜻을 헤아렸을 것이다.

인간의 회귀본능은 누구에게나 잠재되어 있다는데 생전에 남편도 늘 그런 꿈을 갖고 있었다. 현실의 벽에 부딪혀 실행은 못했지만 이 모습을 보았다면 부러워하지 않았을까. 특히 이번에 15명이나 되는 대식구가 같이 온 일행들은 조부모님 슬하 7남매의 그 자손들이다. 화기애애한 분위기는 고조되고 고종시누이의 익살에 와르르 웃음폭탄이 터지는데 종손인 그 사람은 이 자리에 없다.

다음날 일행들과 운주사를 돌아보면서 같이한 추억들이 곳곳에서 묻어났다. 본인은 카메라맨을 자처하고 나에게만 앵글을 맞추며 함께 하는 여행을 좋아하던 사람이다.

이번에는 세계문화유산에 등록된 고인돌 유적지도 찾아갔다. 500여기가 넘는 고인돌이 산재해 있다는데 화순의 산에는 돌이 지천으로 많은 곳이라는 걸 한 눈에 볼 수 있었다. 무덤의 장치를 위해 채석작업에 수많은 노동인력이 동원되었을 옛사람들의 자취와 숨결도 느껴보며 고금을 통해 죽음에 대한 문화차이도 상상으로 해 볼 뿐이다.

새로운 명소로 떠오르는 백아산 '하늘다리'가 얼마 전에 완공되었다. 공기도 맑고 자연이 잘 보존된 백아산 산행을 하면서 끈끈한 우애도 다졌다. 산봉우리를 연결한 아슬아슬한 하늘다리 아래로 펼쳐진 진달래 군락지가 눈부시게 싱그러움을 뽐낸다. 탁 트인 가슴이 상기되어 심호흡을 해보는데 휴일 등산객들이 무리지어 올라온다. 남도기행으로 볼거리가 많은 고장, 내년 봄 진달래 필 무렵에는 또 화순을 기약해본다.

편지

아파트 출입구에 들어서면 제일 먼저 줄줄이 봉투를 물고 있는 우편함을 만난다. 여느 때처럼 빼서 들고 오는데 낯선 남자의 편지가 한 통 있었다. 발신자의 주소가 D병원이라면 우리지역 인근에 위치한 정신요양원이다. 개봉해보니 뜻밖에도 편지지 빼곡하게 시가 적혀 있었다. 형식을 갖추지 않은 서툰 글씨로 또박또박 힘주어 쓴 흔적은 엿보였다.

'어느 병원에' 라는 제목으로 병원생활의 답답하고 힘든 환우들이 창가에서 지저귀는 참새들의 군무에도 큰 위로가 되어 밥알을 던져 주었더니 좋아하더라. 썰물이 되었다가 밀물이 되었다며 병실에서의 외로움과 바깥세상에 대한 그리움을 나열한 내용이었다. 나를 어떻게 알고 무슨 연유로 보냈는지 자기소개나 설명도 없는 의문의 편지가 연이어 날아왔다. '얼룩진 상처' (구치소에서)라는 부제를 달고.

설거지 하면서/ 플라스틱 그릇마다 / 상처가 보인다/ 김치 국물에 물든 그릇/ 수세미에 긁힌 그릇/ 제 마음에 상처도 보입니다/ 눈물도 보입니다/ 햇빛에 말리면 원상태로 하얀 빛깔 보입니다/ 희망은 잊지 않고 있습니다.

나름대로 심연에서 꿈틀거리는 언어를 건져 올린 절절함도 보였다. 일면식도 없는 사람에게 두 편의 시를 받은 다음날, 편지를 잘 받았느냐는 수신을 확인하는 집 전화가 걸려왔다. 당혹스러움에 다시는 보내지 말라는 당부만 하고 끊고 말았다.

어디에선가 나의 글과 주소록을 보고 보냈을 편지를 생각해 본다. 시든 수필이든 한편을 완성하려면 수많은 생각의 실타래를 풀었다 감았다가 퇴고에 다시 퇴고를 거듭해야 하는 고통이 따른다. 아무리 예사로운 습작이라도 고쳤다 지웠다 고뇌했을 모습을 떠올려 보면서 격려와 위로도 못한 나의 의지가 혼란스러웠다. 능력과 자신감에 용기 있는 사람이라면 따뜻한 격려와 시평을 곁들인 답장을 보낼 것이다. 답답하고 지루한 병원생활에 위로와 활력이 되겠지만 나는 그런 위인도 못되며 겁이 많고 나이 든 여자에 불과하다.

내 안의 순수한 영혼은 어디가고, 사회의 편견과 두려움 그 경계의 벽에 갇혀 쩔쩔 매는 자신을 생각할 때 한없는 서글픔이 몰려왔다.

요즈음, 편지 받는 일은 극히 드물다. 통신수단이 날로 발달하여 스마트폰 하나면 빠르게 해결되고 대부분 인쇄물이며 불편하게 손 편지를 쓸 일이 별로 없다.

우리가 자랄 때만 해도 교통이나 통신이 열악해서 편지는 지금보다 훨씬 더딘 내왕이라 내내 집배원을 기다리곤 했다. 아마 나의 최초의 글쓰기는 편지쓰기에서 시작되지 않았을까 싶다. 일기를 쓰긴 했지만 나 스스로의 기록이고 편지는 누군가에게 전달되는 상대성이 있으므로 내용이나 문장에도 신경을 쓰고 글씨 한 자에도 정성을 기울여야 한다.

나의 편지쓰기는 중학교에 들어가면서 재일교포로 일본에 계신 할아버지와 고모님께 올리는 안부 편지였다. 이산가족으로 현해탄을 건너 소통하는 일은 편지가 전부였다. 그 당시만 해도 국제우편물은 상당한 시일이 걸려서 기다림의 인내가 필요했던 시절, 할아버지의 편지는 가느다란 붓글씨로 쓴 세필이었는데 포근한 애정을 듬뿍 담아 조손간의 그리움은 묵향으로 배어났다. 태어나 상봉하지 못한 끈끈한 혈육의 정은 편지가 대신해 주었는데 한자가 많이 섞인 할아버지의 글씨를 해독하느라 애를 쓰던 기억이 난다. 고모님은 일본에서 태어나셨지만 고국의 오빠와 조카들과 소통하기 위하여 독학으로 한글을 익혀 자상한 가족이야기며 타국의 생활상을 전해 주셨다.

편지는 읽을 사람의 모습을 연상하면서 정성으로 써 보지만 내용이 마음에 들지 않거나 글씨가 미우면 밤늦도록 많은 파지를 내던 시간, 곱게 접어서 다음날 다시 확인하고서야 우표를 붙이던 일, 행여 잉크라도 번질까 조심조심 편지 쓰던 시절은 추억이 되었다.

편지는 잘 쓰면 좋겠지만 계절에 따라 서로의 안부와 근황을 알리고 마주보듯이 하고 싶었던 이야기를 자연스럽게 진심을 담아 써 내려가면 된다고 생각한다. 평소에 불편해서 못해본 칭찬이나 사과하는 말 감사한 표현도 편지로 하면 좋지 않을까. 나 역시 요즘 편지쓰기가 쉽지 않지만 가까운 지인이나 친구에게 간단한 카드편지는 자주 쓰고 있다. 주로 축하하는 일에 쓰이지만 가끔 위로의 편지를 쓸 때는 역지사지의 심정으로 진심이 전달될 때 말이나 전화 이상의 메시지가 된다는 걸 경험하기도 한다. 기쁜 일은 나누면 배가 되고 슬픈 일은 나누면 반이 된다고 하지 않던가.

많은 이사를 하면서 오래전 편지는 없어지고 보관하고 있는 편지가 많지 않다. 얼마 전에 정리를 하다가 40여년 지난 친정아버지의 편지를 읽고 눈물을 찍었다. 기대하지 않았던 친구의 편지도 세월의 더께에 종이색이 변해 있었다.

어느 봄 날, 친구와 쑥을 캐러 들판으로 갔었는데 쑥은 캐지 않고 간밤에 읽은『테스』이야기며『레미제라블』을 읽고 운 이야기를 하던 소녀시절이 생각난다는 내용이 실려 있는 편지다. 결혼 후에도 많은 편지를 주고받으며 서로 위로받던 순정한 사이, "선의 열매는 익지 않으면 복 받지 않고 악의 열매가 익지 않으면 벌 받지 아니 한다."는 말을 새겨주던 혜안의 소유자였다. 불교에 심취해 있던 친구는 수도승이 되어 불가에서 원을 이루었지만 몇 해 전에 지병으로 세상을 떠나면서 안구기증을 위하여 시신을 서울로 옮겨갔다는 때 늦은 소식만 접했으니 안타까움이 가슴을 때렸다.

아이들을 키우면서 바쁘다는 핑계로 편지 대신 간단한 전화한 통화로 부모님께 대신할 때 조목조목 알뜰하게 챙기는 따뜻한 편지 한통에 더 감동하고 뭉클해 하시던 마음을 헤아리지 못한 불효가 후회스럽다.

우리의 미혼시절에는 펜팔이 성행하여 모르는 남녀가 편지로서 교제하고 결혼까지 하는 사람도 있었는데 나날이 빠른 속도로 다변화 되는 세태에서 위험과 불신까지 대처해야 하는 현실이 안타깝다. 편지를 보낼 때 답장을 기다리고 또 보내야 하는 것은 정한 이치다.

시를 편지로 보낸 그 사람은 어쩌면 시인을 꿈꾸는 감성과 낭만의 소유자인지도 모른다. 가슴을 울리는 한 줄의 글이나 시가

메마른 영혼에 단비요 어둠의 빛이라면 좋은 자양분을 갖고 있는 사람이리라 믿고 싶다. 부디 건강하고 밝은 사람으로 다시 태어나기를 소망하며 부족한 의지에 무거웠던 마음을 내려놓으려 한다.

지난주에 설악산관광을 하고 왔다. 한계령을 지나 주전골 골짜기에 들어서는데 기암괴석과 어우러진 단풍의 물결이 눈 시리도록 아름다운 풍광을 자아내고 있었다. 오색약수터 아래 족욕탕에서 발을 담그고 피로도 풀면서 겨울채비에 바쁜 자연의 오묘한 질서를 온몸으로 느꼈다.

이 가을! 그리운 사람에게 편지를 쓴다는 것은 행복한 일이다. 빨간 단풍잎 편지 안에 넣고 정성들여 쓴 글씨, 그 봉투를 들고 우체국으로 달려가는 지난날의 나를 돌아본다.

사랑에 빠지다

주말에 특별한 일이 없으면 손자가 온다. 어린이집에서 또래들과 어울려 한창 활동량이 많은 사내아이라 집안에 들어서면서 부산하다.

손에는 늘 장난감 가방이 한가득, 거실에 풀어놓고 설명하기에 바쁘다. 장난감의 면면을 보면 값이 나가고 덩치가 큰 것은 대부분 내가 사준 것들이다. 가족 중에서 할머니의 지갑을 만만하게 열 수 있다는 자신감을 일찍이 알고 있는 아이, 인기 있는 새로운 상품이 나오면 식구들이 알아차릴까 귀엣말로 소곤소곤 약속을 받아내려고 볼을 부비고 안겨들면 서서히 무너지고 만다.

장난감 진열대 앞에서 어느새 매진이 되어 살 수 없을 때의 실망과 안타까운 모습을 보노라면 여느 집 아이도 별반 다르지 않다는 걸 알 수 있었다.

터닝메카드, k캅스, 킨카이즈, 이름도 어려운 각양각색의 장난감들을 줄 세워 놓고 주문을 외며 부하들이라고 한껏 폼을 잡는데 보고 있노라면 웃음이 절로 나온다. 소방차나 헬리콥터, 응급차, 여러 가지 자동차들이 순식간에 합체가 되어 거대한 로봇으로 변신하는데 어깨며 양 팔에 위협적인 장비를 달고 선 새로운 모습을 호기롭게 세워 놓는다. 조용하고 가라앉았던 집안 분위기에 신선한 바람으로 활력을 불어넣는다.

아들이 저 나이 땐 종일 골목에서 노느라고 어둑해 질 때 까지 집에 들어오지 않아 찾아 나가서 데려와 씻겨야 했다. 주로 구슬치기나 딱지치기, 같은 놀이를 했는데 두꺼운 종이만 보면 한사코 내용물을 빼내고 딱지를 접었다. 조금 커서는 야구글로브를 사 달라고 조르던 기억이 난다.

사업이 파산되어 집을 내어놓고 단칸방으로 이사 하던 날, 제일 먼저 딱지로 가득 찬 포대를 챙겨 간다고 해서 혼쭐을 내고 던져 버렸다. 트럭에서 이삿짐을 내리는데 언제 실어 올렸는지 딱지 포대가 짐 속에 섞여 나왔다. 가세가 기울어 어려워진 삶을 알 수 없는 아이에게 딱지는 유일한 보물이요 재산인 것 같았다.

요즘은 아이들이 나가서 안전하게 놀이를 할 수 있는 곳은 극히 드물다. 함께 할 수 있는 친구도 없지만 아파트 현관만 나서면 자동차와 도처에 위험이 도사리고 있으니 바깥에 내어 놓을 수가 없다. 이웃에 또래 친구들이나 집안 형제라도 있으면 다투면서 놀기도 하겠지만 외동이가 많은 세태에 집 안에서 하는 놀이는 한계가 있다.

우리 연배들 대부분 중고생의 손자들에 비하면 아직 어린 친구, 귀엽다고 무조건 요구를 수용할 수 없을 뿐 아니라 눈높이를 맞추기란 여간 힘든 일이 아니다.

서점에도 함께 가고 공기 맑은 숲의 자연 속에 가서 도시락도 먹었으면 좋겠는데 주문하고 꿈꾸는 곳은 키즈월드나 놀이공원 같은 어린이 왕국이다,

잠들기 전에 옛날이야기를 들려주는데 어느 날은 거꾸로 아이가 동화 '금도끼 은도끼'를 들려주었다.

착한 나무꾼은 연못에 쇠도끼를 빠뜨려 울고 있을 때 산신령이 나타나 차례로 금도끼 은도끼를 보여주었으나 아니라고 쇠도끼가 자기 도끼라고 하여 세 개의 도끼를 모두 받았지만 욕심쟁이 나무꾼은 거짓말을 하다가 금도끼, 은도끼는커녕 자기의 쇠도끼마저 잃어버리고 터덜터덜 힘없이 동네로 내려왔다는데 '욕심쟁이'를 힘주어 실감 있게 조목조목 들려주면서 집에 있는 동화책도 읽는다고 했다.

노트와 펜을 주문하며 칸을 그어 달라고 하더니 차례로 가족

이름을 써 내려 가는데 어느새 한글을 익혔는지 모음 자음을 짚어가며 또박또박 정확하게 쓰는 솜씨가 대견해서 칭찬을 했다. 다른 아이들은 영어도 척척 잘 하던데 손자 사랑에 빠져 못 말리는 할머니라며 아이 고모는 놀려댄다. 받아쓰기로 채점을 받는 것이 무척 즐거운 모양이다.

명절 차례나 기제사 때 아이의 눈이 더 초롱초롱하다. "할머니! 제사 모시는 날이 제일 신이 나요. 뭘 도와 드릴까요?" 제상을 차리기도 전에 어느새 배석 자리를 찾아내어 깔아 놓는가 하면 커다란 쟁반을 들고 분주하게 주방을 드나드는데 다칠까 엎지를까 노심초사 따라 가느라 정신이 없다. 훗날 성인이 되어 종손의 막중한 책임을 알았을 땐 어떻게 받아들일지 궁금하다.

지난 봄, 안동으로 문학기행을 갔다. 여러 번의 안동기행이 있었지만 권정생 문학관은 처음이다. 아동문학가 권정생 문학관은 작은 마을 폐교된 학교를 활용해서 아담하게 꾸며 놓았는데 꿈을 키워 나아갈 어린이 뿐 아니라 이 시대에 살아가는 기성세대도 옷깃을 여미게 하는 정감을 듬뿍 느끼게 해 주는 요람 같았다.

문학관에 들어서며 영상과 동화책을 만나면서 흡사 오래 전부터 친숙했던 소박한 이웃 아저씨를 떠올리게 했다. 이 세상 소외되고 가장 낮은 곳 이야기를 어린이들에게 들려주고 싶은 진솔하고 따뜻한 인정을 보았으며 일생 결혼도 하지 않은 선생님의 어린이 사랑에 숙연해지기도 했다.

작품에는 동화 강아지 똥, 사과나무 밭 달님, 하느님의 눈물, 외에 소년소설로 몽실 언니, 점득이네, 외 다수의 작품들이 있었다. 굴곡 많은 사람들의 삶을 보듬고 보잘 것 없는 사물에 대한 애정을 엿 볼 수 있었다. 전시된 그림 동화책 '강아지 똥' 한 권을 골랐다. 소멸되어가는 것에 대한 관심과 토종을 아끼고 사랑한 이야기를 선물하고 싶어서 구매를 했지만 책 읽는데 통 관심이 없는 아이가 반가워할지는 모를 일이었다.

동화는 돌이네 강아지 흰둥이의 똥 이야기다. 날아가던 참새도 지나가던 병아리 떼도 쪼아보다가 더럽다고 해서 서러워서 우는 똥에게 소달구지 바퀴 자국에서 뒹굴던 흙덩이도 쳐다보며 웃었다. 화가 난 강아지 똥에게 너는 똥 중에서도 가장 더러운 개똥이라고 비웃었다.

더러운 똥의 신세를 한탄만 하지 않고 착하게 살 수 없을까 고민하던 보슬비 내리는 어느 봄 날, 강아지 똥 앞에 민들레 싹이 돋아났다. 민들레는 예쁜 꽃을 피울 수 있다는 자랑을 하면서 강아지 똥이 거름이 되어주면 반짝반짝 더 고운 꽃을 피울 수 있다는 말을 듣게 된다. 강아지 똥은 너무 기뻐서 민들레 싹을 힘껏 껴안아버렸다. 비가 내리고 강아지 똥은 온 몸이 비에 맞아 자디잘게 부서져 땅속 민들레 뿌리로 녹아들어 줄기를 타고 올라가 꽃봉오리를 맺는다. 봄이 한창인 어느 날, 한 송이 아름다운 꽃을 피워 향긋한 꽃 냄새가 바람을 타고 퍼지는데 방긋 웃는 꽃송이엔 강아지 똥의 눈물겨운 사랑이 가득 어려 있다는 내용이다.

동화책을 사 놓고 기다리던 어느 날, 인플루엔자A에 감염되어 격리치료를 해야 하는 아이를 일주일을 맡아서 출입도 못하고 조손이 갇히는 신세가 되었다. 맞벌이 부모 슬하의 아이는 할머니의 둥지가 안전한 피난처다.

포장된 선물을 받은 아이는 물끄러미 쳐다볼 뿐 통 관심을 보이지 않았다. "강아지 똥?" 너무 웃기다고 하더니 의외로 소리 내어 또박또박 읽어 내려갔다. 아무 반응이 없어서 무슨 이야기냐고 물었더니 "할머니! 강아지 똥이 민들레하고 사랑에 빠졌어요."

그 순간 나도 모르게 흠칫 놀랐다. 순진무구한 아이의 마음에 울림을 준 것은 바로 사랑이었다. 우리의 어머니, 그 조상님들도 꽃 피워 열매 맺을 자식들의 거름이 되기 위해 자디잘게 부서짐을 바다하지 않았을 것이다. 타고난 그릇대로 작은 것에도 감사하고 나누며 남을 배려하는 가슴 따뜻한 사람으로 성장했으면 하는 바람을 해 본다.

밤이면 한 침대에서 모기에 물릴까 잠을 설치고 편식 때문에 끼니때 마다 밥 전쟁을 치르는 것도 원초적인 사랑 때문이 아닐까.

오늘도 꿈나무의 유쾌한 웃음소리와 화음을 이루며, 창밖의 숲에서 매미들의 합창이 자지러진다.

| 서평 |

휴머니즘으로서의 세상읽기

- 강영옥 수필집 『어느 봄날의 택배』를 읽다

유 병 근
(시인 수필가)

수필은 보고 듣고 느끼고 만져보고 음미하고 생각한 것을 언어로 구체화하는 문학이다. 수필만이 아니다. 모든 문학장느라는 것이 갖는 공통적인 기본인데 유독 수필에서 이런 언술이 통용되는 것은 수필에 대한 일종의 경각성 언질이라고 본다. 기본을 다진 다음에 보다 확실하고 굳건한 뼈대가 생기게 마련이니까.

문제는 또 있다. 어떻게 보고 듣고 느끼느냐이다. 대상의 겉핥기만으로는 만족할 수 없는 것이 수필이 요구하는 보고 듣고 느끼기이다. 하기에 수필의 진수를 위해서는 대충대충이 아닌 보다 근원적인 보고 듣고 느끼기여야 함은 새삼 말할 이유도 없다.

또 짚고 넘어가야할 언덕이 있다. 무슨 생각을 남기고자 그 작품을 썼느냐이다. 즉 무슨 주제를 얻어내고자 하는 문제제기가 드러날 때 수필의 참다운 몫을 읽을 수 있다. 수필의 주제는 일반적인 것, 상식적인 것보다 특수한 것일 때 더욱 값어치 있는 수필에의 길이 된다. 누구나 다 아는 상식적인 주제라면 그걸 굳이 주제라고는 할 수 없다. 함으로 수필가는 보고 듣고 느끼는 일에 나름대로의 새로운 눈 새로운 귀 새로운 생각의 동서남북을 놓치지 않는 것이 수필쓰기, 수필읽기에의 몫이 될 것이다.

한편의 수필을 읽는다는 것 또한 수필쓰기나 다름없는 요긴한 몫을 한다. 한 편의 작품이 완성되기에는 작가와 독자가 하나로 되는 공동체의식이라는 것이 작용한다고 보겠다. 쓴 작품을 누군가 읽어주고 누군가 그 작품을 감상하고 가타부타 하는 동안에 비로소 한 편의 작품은 완성되는 것이라고 본다. 그러니까 작품은 작가와 독자와의 공동작업이나 다름없다.

수필 기술은 대개 두 가지로 크게 나눌 수 있을 것 같다. 그 하나는 서사적인 것으로 담론을 중심으로 삼는 것이다. 또 하나는 사색적인 것으로 생각을 중심으로 삼는 것이라고 하겠다. 그렇다고 어느 한 수법으로만 치우치는 것은 아니다. 한 편의 작품에서도 서사적인 내용과 사색적인 내용이 두루 혼재하기 마련이다. 수필가는 다만 수필의 본령을 찾아 수필쓰기에 전염할 따름이다.

수필은 새로움을 탐구/탐색하는 산문문학임은 누구나 아는 사실이다. 탐구한다는 말 속에는 수필에서 말하고자 하는 알맹이

즉 주제가 참신하게 드러나 있느냐에 있다. 그 주제는 글의 바닥에 환하게 나타난 것일 수도 있고 은은하게 감추어진 것도 있다. 이런 수필가의 노력으로 세계는 또 다른 낯선 면모를 드러낸다. 하기에 수필가는 세계의 참신한 국면을 드러내고자 수필을 쓰고 그 낯선 국면이 수필에 무슨 값어치를 하는가를 짐작하게 된다.

그리고 또 있다. 수필은 인간애의 문학이라는 점을 떠올리게 된다. 수필의 정리를 굳이 말하지 않아도 수필 속에는 인간사랑, 인간중심 등 인간에 대한 이런저런 점을 말할 수 있다. 하기에 수필 속에는 인간이 먼저 끼어든다. 인간을 배제한 수필은 그러므로 수필개념에서 제외된다고 보는 시각을 생각해 볼 수도 있다.

인간정신의 바탕으로 된 수필

수필가 강영옥은 누구보다도 넓은 치마폭을 지닌다. 그 치마폭 속에는 가족을 사랑하고 이웃을 위하는 자애정신이 있다. 훈훈한 인간정신의 본보기를 읽는 것은 강영옥 수필을 읽는 일이라고 감히 말하고 싶다.

수필집 『어느 봄날의 택배』는 그런 인간애정신을 보다 극명하게 대목대목 읽어낼 수 있는 특징을 갖는다. 굳이 효사상이니 인간정신이니 인본주의니 하는 말을 하지 않더라도 이 수필집이 그런 내용을 수필로 하나하나 깨닫게 한다. 그런 점에서도 수필은 훌륭한 수신교과서라고도 할 수 있다. 그러나 수필이 그런 면을 다루고자 하지는 않는다. 수필 속에 감추어진 글의 내막을 읽어나가면서 인간애를 절로 깨닫게 되는 점에서 수필의 좋은 몫을 한다고 하겠다. "봄 들녘을 고스란히 앉아서 받은 순간의 흥분은 좀체 가라앉지 않"(「어느 봄날의 택배」부분)는다에서 수필가는 "밀양의 K선생님"을 중심으로 서술의 끈을 이어간다.

> 골짜기 들판에 이른 봄바람이 옷깃에 파고드는 싸한 기운을 흠씬 맛보며 나물 캐는 작업이 끝나면 냉이국과 돌미나리, 씀바귀 같은 봄나물이 풍성한 밥상에 둘러앉아 맛깔스러운 점심을 같이하는 시간은 더없이 정겹다.
>
> -「어느 봄날의 택배」부분

봄철이 되면 "우리의 봄맞이는 연례행사처럼 밀양에서 시작"되는 기쁨이 있다. K선생 가족을 찾아간 일행이 봄날을 만끽하는 시간이 봄 나물과 더불어 어울리는 아름다움이 보인다. 봄나물은 건강식이라고 한다. 겨울동안 꽁꽁 얼었던 땅을 비집고 솟아오른 봄나물은 매서운 겨울을 이기고 나온 인동忍冬의 상징이다. 그걸 밥상에 올린다는 것은 건강을 올리는 행복한 순간이겠다.

올봄에는 밀양에서의 봄맞이를 하지 못했다. 남편이 교통사고로 중상을 입고 병원생활을 하고 있기 때문이다. 계절이 몇 번이나 바뀌었지만 병실에 누워 창밖으로 보이는 나뭇잎의 변화로만 짐작하고 있는 중환자이기에 바깥바람을 쐰 지는 오래 전 일이다.

- 상동

밀양 K선생과의 인연은 "사회 초년병 시절 직장의 상사로 인연이 되어 지금까지 돈독한 교분을 갖는다는 것은 우리에게 큰 축복이라 생각지 않을 수가 없다."에서 보인다. 그 인연으로 "택배로 온 봄 선물은 우리에게 산야에서 채취한 단순한 꽃과 나물이 아니라 새로운 기운으로 충전된 엄청난 에너지가 되어 환자에게 영약의 치료재가 될 것 같다."고 고마워하는 모습이 절실하다.

순수한 영혼과 낭만. 무소유의 인품이 늘 우리들을 감동시키며 정이 넘쳐나는 어르신들. 그분들을 뵈러 가려면 더욱 열심히 치료하여 하루 속히 일어 설 수 있도록 혼신의 노력을 해야겠다. 내년에는 예년처럼 밀양에서 봄맞이를 할 수 있기를. 가을 햇살을 이고 감 따는 장대에 풍성한 인정을 주저리 꺾어 내릴 때의 그 감격을 나눌 수 있기를 간절하게 소망해 본다.

- 상동

이 구절을 읽는 필자 또한 하루 빨리 쾌차하는 날을 기대한다. 한 순간의 사고를 미리 알지 못하는 것이 인간의 운명이라고 할 수 있겠다. 언제 무슨 일이 일어날지 모르는 것이 인간의 일이다. 더구나 복잡한 사회현상은 언제 무슨 일이 한 개인의 운명, 한 사회의 운명을 좌지우지할 지도 모르는 상태다. 그러나 수필가 강영옥은 결코 절망하지 않는다. '내년에는 예년처럼 밀양에서 봄맞이를 할 수 있기를' 소망한다. 그 소망처럼 "약수터 가는 길은 심신을 일깨워줄 뿐 아니라 건조한 나의 삶을 윤택하게"하는 자연이며 커다란 축복(약수터 산행/부분.)이라며 지친 삶을 달랜다.

> 산을 오를 때마다 극기와 인내가 필요한 우리네 인생길을 음미해 본다. 한발 한 걸음이 소중한 것처럼 올 한 해도 성실한 발걸음으로 건강한 길을 걸어야겠다. 동행한 우리 네 사람의 가슴 속에 우정처럼 찍힌 하얀 발자국은 오래도록 남으리라.
>
> -「겨울 태백산」부분

태백산의 눈길 등산은 시적인 분위기다. 눈은 추억이며 그리움으로 가는 재생회로다. 그 회로를 즐겨 걷는 태백산 정서가 드러나 보인다. 눈은 겨울축제의 한 장면이다. 눈 속에는 어릴 적의 추억이 있고 그 추억은 동심을 끌어올려 준다. 하기에 겨울 눈을 밟으며 타는 산길의 환상적인 아름다움을 만끽할 수 있다.

겨울 아침에 창문을 열자 하얗게 덮인 산야를 보는 것은 일종의 경이로움이다. 하얀 산 하얀 집 하얀 들판을 보는 마음에 눈이 소복소복 쌓인다. 그것은 아름다운 한 폭의 그림이다. 그 하얀 세상에 그리는 소망도 있다. "사람마다 원願을 하는 색깔이 다르겠지만 산을 오르면서 욕심을 버리라는 자연의 가르침을 되새겨본다."산은 무위무욕無爲無慾의 침묵이다. 산을 타면서 그 정신을 익힌다고 할까. 수필가 강영옥은 그 정신을 안다. 하기에 산을 즐겨 타고 산에서 새로운 정신수양을 닦으려 한다. 그것은 나름 어떤 경지의 도道다. 한 때의 고곤은 산타기에서 마음을 다스릴 수 있고 산타기에서 정신의 건강 또한 구한다.

가족애를 지향하는 인간정신의 수필

수필집 『어느 봄날의 택배』의 목창에는 「고향집 가꾸기」를 비롯하여 「부모님 전 상서」「우리 부부 이야기」「이웃 사촌」「사랑에 빠지다」「사랑하기 때문에」등 겉보기인 제목만으로도 가족사랑을 암시하고 말하는 대목을 쉽게 찾을 수 있다. 좋은 가훈으로 삼을 수 있는 수필집임을 내세우고 싶다.

고서화에서 더러 본 기억으로 감이나 석류는 퍽 동양적인 분위기라 나는 석류를 좋아한다. 섬유로 치면 무명에 천연염료로 물들인 빛깔이라고 할까. 투박한 겉모양과는 달리 맑은 영혼을 가진 신성함 같은 것이 느껴진다.

- 「석류」부분

무르익은 봄날 눈부시게 사랑스런 꽃이 지고 나면 더 귀여운 열매를 달게 되는데 마치 항아리 같은 것이 위로 또는 거꾸로 매달린 모습이 참으로 앙증스럽다.

- 상동

석류알이 소복소복 들앉은 모양은 흡사 오순도순한 가정을 떠올리게 한다. 이런 면에서 수필가는 석류를 '눈부시게 사랑스런 꽃이 지고''귀여운 열매''맑은 영혼'등 석류를 아낀다.'항아리 같은 것이 위로 또는 거꾸로 매달린 모습'을 보는 것을 좋아한다. 석류가 매달린 모습을 관찰하는 시각이 남다르게 매서움을 알 수 있다. 이런 대목에서도 석류사랑이 가족사랑으로 이어지는 지름길이 된다. 그렇게 보는 일도 그다지 무리는 아닌 성 싶다.

외할머니의 기일은 칠흑 같은 동짓달 밤이었다. 음식을 장만하느라 온 집안이 부산하게 움직이는 틈새를 오가며 나는 지칠 줄 모르고 신이 났었다. 함지박에 제사 음식을 이고 골목을 나서는 외숙모님의 길을 밝히는 등 잡이는 내가 하는 일이었다.

-「등燈」부분

제사 끝나는 시간은 대개 자정을 넘어서이다. 시골 인심은 제사를 마치고 장만한 음식을 이웃끼리 나누어 먹는다. 더구나 먹을 것이 귀하던 시절엔 어느 누구네 제사라는 것을 알면 은근히 제삿밥을 기다리게 된다. 이런 풍습이 사라진 것은 살기가 넉넉해지면서이다. 굳이 제사음식을 기다릴 궁금증이 없어진다. 그런데 제사음식을 나누어 먹는 것은 고인의 기억을 회생하는 일이기도 하다. 살아 있을 적의 음덕을 음식을 통하여 다시 새기는 일이기도 하다. 그것은 이웃과 이웃의 정이다. 만약에 '네 떡 너 먹고 내 떡 내 먹는다'의 칼로 자르듯한 이웃 분위기라면 정이란 것을 전혀 느낄 수 없을 것이다. 그런데 문명의 발날은 이웃이 사라지고 있다. 더구나 도시의 아파트 생활은 현관문 하나 칵 닫으면 그것으로 끝이다. 이웃에 누가 사는지 전혀 모르는 캄캄한 어둠세상이 된다. 하기야 이웃에 어떤 분이 살고 무엇을 하고 식구는 몇이나 되고를 꼬지꼬지 알 필요는 없다. 이웃과 이웃은 형사가 아닌 다정한 얼굴들이기 때문에 만나면 서로 인사를 나누는 것이 이웃사랑이겠다.

제사음식 나누어먹기는 그 시절의 포근했던 기억이다. 그런 점 현대 문명시대는 스마트폰만 움직이면 콩 나와라 팥 나오라의 편리함에 젖어 이웃은 뒷전이다.

그런데 수필가 강영옥은 한 시절'남편의 첫 직장에서'시작한 분과의 인연을 수필집『어느 봄날의 택배』의 중요한 자리에 모신다.

> 토방집 툇마루를 틔워 큰방을 만들고 겹으로 창문을 달았다. 새로운 고향집을 만들어 가꾸는데 열정을 쏟았다. 평생 농촌 생활이 처음인 고희를 넘긴 노부부가 가능한 일일까 하는 것은 기우에 불과했다. 텃밭의 채소며 축사의 염소들이 차츰 늘어가고 염소 사육에 이젠 전문가가 다 되었다. 사료만으로 부족하여 매일 두 차례씩 산에 올라가시는 사모님. 풀과 나뭇잎을 커다란 푸대로 장만해 나르는 노익장은 누가 보아도 한창 중년의 여장부 같다.
>
> -「고향집 가꾸기」부분

> 우리집 봄의 화신은 밀양에서 제일 먼저 온다. 뒷산에 진달래가 꽃망울을 터뜨리기 사작했으니 쑥 캐러 오라는 전화를 주시고 가을이면 우리도 감 따는 날을 기다린다.
>
> - 상동

위와 같은 예로 보아 K선생 가족과 수필가 강영옥 가족과의 연분은 예사롭지 않음을 알 수 있다. 이런 인연의 정분이 쌓여 한

권의 알뜰한 수필집을 장식하기도 한다. 이는 예사로운 인연이 아니면 가능한 일이 될 수 없다. 더구나 현대생활의 팍팍한 인심으로 볼 때 참으로 따뜻한 서로간의 인연이 아닐 수 없다.

마음이 차가운 자는 강영옥의 『어느 봄날의 택배』를 읽어보라고 권하고 싶다. 오늘날의 팍팍한 세상살이에서 이처럼 따뜻한 수필을 만나는 일도 일종의 행운이라고 감히 말하고 싶다. 행운을 굳이 경제적으로 윤택한 삶으로만 재단할 경우 그 행운이 얼마나 오래 지속되겠는가 싶다. 하지만 정신이 자애로 가득한 사람의 행운은 그 길이 무궁무궁하여 마를 날이 없을 것이다. 그 증거를 이 수필집이 말하고 있음을 놓칠 수 없다.

할머니의 꽃상여가 고향 선산을 오르며 "너홍 너홍 인제 가면 언제 오나 북망산이 어디인데" 앞소리꾼의 요령소리 맞추어 상두꾼들의 우렁찬 소리가 구슬프게 울려 퍼졌다.

-「꽃 피고 새 울면」부분

이처럼 할머니는 상여를 타고 고향 선산을 오른다. 현대에 와서 퍽 보기 드문 광경이다.

아버지 어머니!

오늘 비로소 함께 모시는 합분 상석 위에 우리의 정성을 차려놓고 절을 올립니다. 생전에 효도 한번 하지 못한 저희들이지만 용서해 주시고 잘 지켜 주시리라 믿습니다.

-「부모님 전 상서」 결미부분

어머니가 갑작스레 운명한 다음 홀로 남은 아버지와의 사별담이다. 부모를 함께 모시는 효를 다한 화자는 그 동안 고심하던 합장의 일을 치르게 된다. "생전에 저희 오남매 교육 때문에 먼 거리에서 따로 떨어져 생활하시느라 단란한 생활 제대로 못하신 아버지 어머니께 불효한 저희들 송구"하다는 구절이 간절하다. 아버지의 사후 함께 모시고 안도하는 모습이 선연하다. 그리고 아뢴다. "부모님의 바람대로 동생들은 모두 잘 성장해서 탄탄하고 건강한 삶을 누리고 있"음을 고하는 마음 속에는 아버지 어머니에의 그리움이 넘치고 있다.

사방으로 뻗은 바위 능선 울창한 단풍숲이 오색으로 자아내는 대둔산, 벼랑 끝으로 금강구름다리가 그림처럼 출렁이고 있다. 상큼한 바람결이 감미로운 가을산에 매료된 우리는 무언의 눈빛으로 결의를 다졌다.

-「우리 부부 이야기」부분

수필가 강영옥 부부가 서로 뜻맞는 것은 '산을 좋아하는 공통점'이다. 건강할 때는 물론이지만 건강을 훼손 당한 다음에도 즐겨하는 산행은 그치지 않는다."컨테이너를 싣고 다니는 트레일러에 대형 사고를 당한 남편"(상동)이다. "다리에 허벅지까지 오는 통기브스를"(상동)한 남편이 2년 남짓한 입원치료는 절망상태나 다름없다. 그런 와중에도"걸을 수 있을까. 과연 산에도 오를 수 있을까"하던 염려를 뿌리치고 무학산악회 회원들과 함께 2년 6개월 만의 대둔산 산행에 성공한다. 인간승리의 본보기다. 건강함 몸으로도 힘이 드는 산행을 아직 건강상태가 온전하지 못한 터에 감행한 산행은 산을 좋아하지 않으면 거의 불가능한 일이다.

수필집『어느 봄날의 택배』는 이런 면에서도 최선을 다하는 삶의 아름다움이 갈피마다 맺힌다. 수필로 보여주는 인간승리의 단단한 의지는 모든 독자를 감동케 하리라 믿는다.

강영옥 수필집
어느 봄날의 택배

초판1쇄 발행 2017년 2월 1일

지은이 강영옥
펴낸이 이길안
펴낸곳 세종출판사

주소 부산광역시 중구 흑교로 71번길 12 (보수동2가)
전화 463－5898, 253－2213~5
팩스 248－4880
전자우편 sjpl@chol.com
출판등록 제02-01-96

ISBN 979-11-5979-097-3-03810

정가 12,000원

이 도서의 국립중앙도서관 출판예정도서목록(CIP)은 서지정보유통지원시스템 홈페이지(http://seoji.nl.go.kr)와 국가자료공동목록시스템(http://www.nl.go.kr/kolisnet)에서 이용하실 수 있습니다. (CIP제어번호: CIP2017002147)

* 잘못된 책은 교환해 드립니다.